El mundo según Jorge Semprún

Rita Rodríguez Varela

El mundo según Jorge Semprún
Introducción al universo literario sempruniano

PETER LANG

Berlin - Bruxelles - Chennai - Lausanne - New York - Oxford

Catalogación en publicación de la Biblioteca del Congreso
Para este libro ha sido solicitado un registro en el catálogo CIP
de la Biblioteca del Congreso.

Información bibliográfica publicada por la Deutsche Nationalbibliothek
La Deutsche Nationalbibliothek recoge esta publicación en la Deutsche
Nationalbibliografie; los datos bibliográficos detallados están disponibles
en Internet en http://dnb.d-nb.de.

ISBN 978-3-631-90556-2 (Print)
E-ISBN 978-3-631-90557-9 (E-PDF)
E-ISBN 978-3-631-90558-6 (E-PUB)
10.3726/b21030

© 2024 Peter Lang Group AG, Lausanne
Publicado por Peter Lang GmbH, Berlin, Deutschland

info@peterlang.com - www.peterlang.com

La vida no es sagrada sino de forma derivada, susti-
tutiva: cuando garantiza la libertad, la autonomía, la
dignidad del ser humano, que son valores superiores al
de la vida misma, en sí y por sí, absolutamente desnuda.
Valores que la trascienden.

Jorge Semprún.

Índice

Conservar y transmitir un legado: exposición de motivos

Acercarse a la obra de Jorge Semprún supone profundizar en los principales sucesos históricos que marcaron el siglo XX. Experiencias como el exilio, la resistencia, la tortura, la deportación en los campos de concentración, la clandestinidad antifranquista, el encanto y desencanto con el comunismo o la entrada de España en la democracia están presentes en sus testimonios y novelas. En este sentido, su obra constituye un legado inestimable para la historia cultural europea.

En cada uno de sus escritos, el lector ve reflejado a un autor cuya vida está en absoluta consonancia con su época. Un hombre que observa cómo su destino singular es marcado por la evolución de una Historia colectiva compleja que lo sitúa ante graves circunstancias y que, sin embargo, es aceptado con solemnidad y con la voluntad firme de no dejarse llevar pasivamente y de tener un papel activo en su evolución. Adentrarse en el universo literario sempruniano supone adentrarse en la historia contemporánea de Europa, con sus esplendores y miserias, con sus diferentes actores clave y con todo un entresijo de referencias indispensables para comprender no solo el pasado, sino también el presente. En este sentido, su obra difícilmente perderá su actualidad, pues, como señala Emilio Lledó, "ser es, esencialmente, ser memoria" (1992: 10). Prepararse para el futuro sin conocer y profundizar en el pasado, en nuestra memoria como civilización, es ilícito y nos vuelve vulnerables, nos perjudica. Negar u obviar el pasado conlleva negar el propio ser, nos despoja de nuestra esencia como especie, la única que comienza siempre a existir sobre una historia colectiva y familiar. Los errores y aciertos que nos preceden deben actuar como marcos de aprendizaje y, por ello, los textos literarios nos llegan como una preciosa herencia que es preciso aceptar y proteger. Nuestra experiencia supera los límites de nuestra cronología gracias a la palabra escrita. El presente carece de limitaciones temporales en el momento en que tiene a su alcance el conocimiento y la memoria de todos los tiempos. Su protección contra cualquier intento de deformación histórica o de incitación al olvido es nuestra única esperanza a la luz de hechos atroces como los que tuvieron lugar en el siglo XX y que siguen, en germen, siendo una posible amenaza. Cuando se indica que no puede existir el presente sin el pasado se hace referencia al hecho de que la forma de interpretar ese legado, de aceptar y rechazar determinados aspectos, determina lo que somos. Al leer sobre lo que se ha sido y se ha hecho, no solo conocemos y descubrimos, sino que también reconocemos. Establecemos nexos y conexiones, nos vemos en esas huellas y nos comprendemos mejor. Adquirimos nuevas capacidades para modificar o conservar lo bueno y lo malo, en suma, nos creamos. Gracias a ese poder latente en el texto escrito, el lector tiene la oportunidad de establecer con él un diálogo que es una conversación abierta sobre todas las posibilidades de existir en el mundo. Esta invitación al diálogo está presente en toda la obra de Jorge Semprún.

Semprún escribe para sí mismo, ya que la escritura es una herramienta eficaz para elaborar y curar las heridas traumáticas; pero escribe también para los otros, para aquellos que no vivieron dichas experiencias o que sí las vivieron, pero no son capaces de expresarlas y dotarlas de sentido. Su interés principal es dar cuenta de lo sucedido, como él mismo ha confesado en repetidas ocasiones, para facilitar la comprensión y evitar su repetición. Su escritura nace de una reflexión meditada sobre la necesidad de presentar a los futuros receptores una memoria del pasado que puedan comprender e imaginar. El autor reflexiona explícitamente en sus testimonios, hay un componente metaliterario que establece una relación con el lector al presentarle sus dificultades y preocupaciones. No encontramos una verdad perfecta y sin complicaciones, pues sería una verdad falseada. Querer llegar a la esencia de lo vivido y provocar una emoción en el otro implica un profundo ejercicio de sinceridad. Por supuesto, el uso de todas las opciones del arte, lo que Semprún denomina artificio, es empleado para beneficiar esa comprensión intelectual y emocional, pero es necesario que el lector responda aceptando ese diálogo que se le ofrece. Si el pasado está fuera del mundo de las posibilidades, como indica Lledó, es el presente el que lo revive y lo determina

> Porque aunque el pasado sea algo donde ya no impere la posibilidad, son posibles, sin embargo, nuestras formas de interpretación de ese pasado; y del pasado viene aquello que nos ha "hecho", que afirmamos o negamos en nuestros actos, y que elegimos en nuestras más o menos intensas decisiones (1992: 20).

La invitación dialógica de Semprún no se basa solo en el conocimiento del pasado, sino también en la capacidad de transformar el presente. Para ello, emplea un estilo intertextual en el que la narración del relato, que escapa de la cronología lineal y se mueve en un vaivén constante de recuerdos tal y como ocurre con el funcionamiento de la memoria humana, está en continua comunicación con diferentes disciplinas, como la filosofía, la sociología, el arte, la política o los derechos humanos. La lectura de su obra requiere de un lector activo, dispuesto a realizar un esfuerzo de comprensión amplio y pluridisciplinar. Ir a la esencia de experiencias como el exilio o el Holocausto exige penetrar en su densidad para escapar de lo anecdótico y llegar a lo universal. En este sentido, este libro busca ser una guía de referencias y facilitar la comprensión de ciertos conceptos clave en el universo poliédrico de Semprún con el objetivo de que el lector tenga más herramientas en su haber para aceptar esa necesaria conversación que se le propone. Por supuesto, la inclusión de la palabra introducción en el título no es azarosa; una obra tan vasta y rica como la de Jorge Semprún no puede ser reducida a solo 50 términos. Sin embargo, sí que supone una cuidadosa selección de las referencias y conceptos esenciales que contribuyen a facilitar el seguimiento de su lectura, así como a ordenar esa intrincada red asociativa que se produce en sus diferentes testimonios y novelas. Se espera, humildemente, que aquellas personas que se inicien en su obra o que quieran profundizar en ciertos aspectos concretos, encuentren en este libro las respuestas que necesitan.

Una vida bajo el signo de la historia: biografía de Jorge Semprún

Jorge Semprún nace en Madrid el 10 de diciembre de 1923 en una familia acomodada con una gran tradición política en España. Su abuelo materno, Antonio Maura, fue presidente del Gobierno durante el reinado de Alfonso XIII y su padre, José María Semprún y Gurrea, fue Gobernador Civil de Toledo y Santander, Encargado de Negocios del Gobierno Republicano en La Haya y Ministro de la República en el exilio.

Junto a sus seis hermanos vive una infancia feliz en Madrid, en un ambiente intelectual y lleno de amor, hasta la muerte de su madre, Susana Maura, a causa de una larga enfermedad el 26 de enero de 1932. Posteriormente, el padre contrae matrimonio con una de las institutrices alemanas que será recordada por todos los hermanos por su crueldad.

El estallido de la guerra civil española el 17 de julio de 1936 sorprende a la familia en Lequeitio donde veraneaban. Gracias a la ayuda del grupo Esprit consiguen cruzar la frontera y comienzan el duro camino del exilio; primero, en Ginebra y, después, en La Haya hasta el final de la guerra. Tras el conflicto armado que supone la derrota de la República española y la instauración de la dictadura de Francisco Franco el 1 de abril de 1939, la familia se va dispersando por diferentes lugares y Semprún se instala en París. En la capital, recibe una formación francesa en el liceo Henri IV y Saint-Louis, llegando a matricularse en la carrera de filosofía en la prestigiosa Universidad de La Sorbona. Sus años en el exilio parisino están marcados por el dolor a causa de la pérdida de sus raíces y por el triunfo del franquismo, pero también por un deseo irrefrenable de superar su condición de víctima y de apoderarse de su destino. Lector incansable, se mueve por los círculos intelectuales del momento y se mantiene atento a los acontecimientos históricos. Con el avance imparable del nazismo alemán y del fascismo italiano, decide unirse a la Resistencia francesa y comienza a luchar para la red Jean-Marie Action, bajo el seudónimo de Gérard Sorel. El 8 de octubre de 1943 es arrestado por la Gestapo que lo tortura durante nueve meses sin conseguir de él ningún tipo de información. Ante la imposibilidad de utilizarlo para desmantelar la resistencia, lo deportan al campo de concentración de Buchenwald. Allí, gracias a sus conocimientos de la lengua alemana y a su condición de exresistente, trabaja para la organización clandestina en el campo contribuyendo a la preservación de aquellas personas valiosas para la lucha contra el nazismo.

El 11 de abril de 1945, el Tercer Ejército de los Estados Unidos consigue liberar los campos de concentración de Buchenwald y Mittelbau-Dora y Semprún puede abandonar el campo.

Tras la liberación, se enfrenta a una nueva realidad; en primer lugar, su condición de lo que denomina un "aparecido", es decir, alguien que no ha sobrevivido realmente a la muerte, sino que ha sido atravesado por ella y, en segundo lugar, la imposibilidad de volver realmente a su hogar, pues París es la ciudad del exilio y, a pesar del fin del nazismo y del fascismo, en España continúa la dictadura de Franco. Incapaz de hablar de la experiencia concentracionaria y viendo la situación de su país natal, tras un periodo como traductor en la Unesco, decide continuar la lucha que había iniciado antes de Buchenwald y, en 1952, se afilia al Partido Comunista Español. Su misión como agente clandestino consiste en crear una red de intelectuales dispuestos a movilizarse contra el franquismo. Sus diferentes triunfos lo hacen avanzar, llegando a situarse entre las principales figuras en la cúpula del partido. Sin embargo, sus discrepancias con las estrategias de la organización y el descubrimiento de la realidad soviética lo llevan a cuestionar a sus dirigentes y termina siendo expulsado en 1965.

Tras su periodo en la clandestinidad comunista y con la memoria de Buchenwald menos reciente y, por tanto, menos paralizante, comienza a escribir sus vivencias. En 1963, publica su primera novela, *El largo viaje*, por la que recibe el premio Formentor y que será seguida de una inmensa y cuidada cantidad de testimonios, novelas, autoficciones y guiones cinematográficos con los que dejará un gran legado a la memoria europea. A lo largo de su carrera literaria, narra experiencias tan duras como el exilio, la tortura, la deportación, la clandestinidad, el encanto y desencanto con el comunismo, y teoriza en conferencias y artículos sobre el pasado y el futuro de Europa. En este sentido, la lectura de su obra ofrece al lector un valioso conocimiento sobre los principales sucesos históricos que marcaron el siglo XX y contribuye a evitar su olvido y, por tanto, su repetición.

En 1988 es nombrado ministro de Cultura del gobierno socialista de Felipe González, cargo que ejerce hasta 1991.

A partir de 1995 comienza a presidir la rama española de la ONG Acción Internacional contra el Hambre (AICF), lo que supone una continuidad a su lucha contra las injusticias sociales y a favor de la defensa de todas esas personas víctimas de las guerras que se ven desplazadas de sus hogares y de sus vidas.

A lo largo de su trayecto vital, recibe diversos premios y reconocimientos, entre los que destaca el premio de la Paz de la Feria del Libro de Frankfurt en

1994, el premio Jerusalén de Literatura en 1997 o su entrada en la Academia Goncourt en 1996, y su obra es traducida a más de 18 lenguas.

Muere el 7 de junio de 2011 en París y es enterrado envuelto en la bandera republicana española.

Novelar lo vivido: síntesis de sus obras literarias

El largo viaje (1963) – se trata de la primera novela con la que Jorge Semprún rompe el silencio tras muchos años sin poder enfrentarse a la memoria de la experiencia de la deportación. A través del personaje de Gérard Sorel, que actúa como una suerte de alter ego ficticio, Semprún cuenta el claustrofóbico traslado en un tren de mercancías lleno de cuerpos hacinados desde Compiègne hasta Buchenwald.

El desvanecimiento (1967) – tras la publicación de *El largo viaje*, en esta obra se detiene en la experiencia dentro del campo de concentración de Buchenwald, a la vez que trata otros temas como la resistencia o la lucha clandestina contra la España franquista.

La segunda muerte de Ramón Mercader (1969) – en esta novela de espías e intriga, Semprún se vale de la historia ficticia de Ramón Mercader Avendaño, agente soviético introducido en España tras la guerra, para reflexionar sobre cuestiones como los campos de concentración nazis, la Revolución de Octubre, la Guerra Civil Española, las cárceles estalinistas, la lealtad y la traición.

Autobiografía de Federico Sánchez (1977) – autobiografía de su época en la clandestinidad antifranquista, sus primeras ilusiones con el comunismo, el descubrimiento de la realidad soviética y las desavenencias con la estrategia del Partido Comunista Español que terminaron con su expulsión.

Aquel domingo (1980) – testimonio literario en el que aborda el tema de los campos de concentración nazi, así como sus similitudes y diferencias con los campos soviéticos. El texto está concebido como una profunda reflexión sobre la naturaleza de los dos totalitarismos, en el que se mezclan las diferentes vivencias del autor.

La algarabía (1981) – novela de ficción que sigue las andanzas de un viejo militante de la CNT de origen español, en una Francia que ha visto triunfar la revolución de mayo de 1968. Junto a las cuestiones políticas de la novela, la algarabía hace referencia a ese universo babélico, confuso por la mezcla de diferentes lenguas, que enmarca esta historia.

La montaña blanca (1986) – Juan Larrea, el protagonista de la novela, antiguo deportado del campo de concentración de Buchenwald, sumido en el silencio de su experiencia, nos presenta su historia y su reencuentro con unos antiguos amigos. Semprún nos lleva a un universo lleno de conflictos y pasiones románticas, un gran amor por el arte y la historia europea como una fuerza latente.

Netchaiev ha vuelto (1987) – novela de ficción protagonizada por cinco franceses, en la que se cuenta su antigua pertenencia a la banda Vanguardia Proletaria de extrema izquierda, la diversa situación actual de tres de ellos en un mundo de poder y dinero, el fracaso del cuarto, y la sospechosa muerte del quinto en el pasado, que ahora vuelve para atormentarlos bajo la investigación de un obstinado detective.

Federico Sánchez se despide de ustedes (1993) – se trata de la narración de la etapa de Jorge Semprún como ministro de cultura durante el gobierno socialista de Felipe González. El autor aborda las posibilidades y limitaciones que vive como ministro, las lealtades y traiciones del algunos compañeros y su proyecto para el Museo del Prado.

La escritura o la vida (1994) – se trata, sin duda, del libro más famoso del autor en referencia a la narración del campo de concentración de Buchenwald. En él, aborda las dificultades de comenzar la escritura de lo vivido tras la liberación, expone sus teorías sobre la necesidad del artificio para volver comprensibles vivencias como el Holocausto y profundiza en la esencia del suceso, es decir, en la teoría sobre el Mal Radical.

Adiós, luz de veranos (1998) – testimonio literario en el que el autor deja de lado su vida posterior a la experiencia de Buchenwald, para centrarse por primera vez en su etapa como un joven exiliado español en París. Cuestiones como el dolor por el destierro y la traición a España de las democracias occidentales, la apropiación de la lengua francesa, el papel de la literatura, la entrada en la adolescencia o la identidad recorren esta interesante obra.

Viviré con su nombre, morirá con el mío (2001) – a partir de la necesidad de apoderarse de la identidad de un futuro muerto del campo de concentración para evitar su propia muerte, el autor trata temas como la fraternidad frente al horror dentro del lager, en un vaivén de recuerdos que lo trasladan a épocas anteriores como exiliado o como resistente en Francia.

Veinte años y un día (2003) – en la población de Quismondo, veinte años después del estallido de la guerra civil española, se va a celebrar la ceremonia expiatoria con la que simbólicamente los vecinos reproducen la ejecución del hermano menor de los Avendaño. Alrededor de este evento y de los recuerdos de la familia, un curioso hispanista norteamericano indaga en esta historia y un comisario de la Brigada Político Social busca desesperado a Federico Sánchez, un agente comunista.

Ejercicios de supervivencia (2012) – en este testimonio, publicado póstumamente, Semprún profundiza por primera vez en la experiencia de la tortura a manos de la Gestapo, tras su detención el 8 de octubre de 1943. Este libro, inacabado por la muerte del autor, tenía que ser el primer volumen de una serie de cuatro. El autor rememora su pertenencia a la Resistencia francesa y su detención, reflexiona sobre la relación entre el sujeto y su propio cuerpo ante el dolor y la decisión de guardar silencio, y entabla un diálogo indirecto con Jean Améry en relación con sus discrepancias sobre este tema.

El universo literario de Jorge Semprún: 50 términos esenciales

Afrancesado

El término afrancesado tiene una gran tradición en la historia de España y emana de dos vertientes diferentes. En primer lugar, se encuentra una vertiente cultural que hace referencia a un fenómeno que se inicia en la segunda mitad del siglo XVIII y se caracteriza por la imitación de la mentalidad, la moda, el arte y el estilo de vida francés. Una gran parte de la aristocracia y de la burguesía española se ven atraídas por la lengua, las corrientes de pensamiento, las obras filosóficas y literarias francesas, al ver en sus vecinos un símbolo de modernidad y progreso. Sin embargo, este afrancesamiento no es unánime ni pacífico, sino que provoca el rechazo de parte de la sociedad, dando lugar a sucesos como el majismo, es decir, la exaltación de los valores y hábitos tradicionales hispánicos como muestra de rechazo de lo extranjero.

En lo que concierne a la segunda vertiente, la política, tiene su origen en la Guerra de la Independencia y hace referencia a los españoles que se posicionaron a favor del gobierno de José Bonaparte y su legislación, el Estatuto de Bayona, pues ven en él la posibilidad de una regeneración en España.

En cuanto a su definición oficial, en 1852, aparece recogido por primera vez en el Diccionario de la Real Academia de la Lengua Española, como "español que en la guerra llamada de la Independencia siguió el partido francés"; y, en la actualidad, la voz contiene tres acepciones: 1. Que admira excesivamente o imita a los franceses; 2. Dicho de una persona: Que a lo largo del siglo XVIII adoptó los valores de la Ilustración francesa; 3. Colaboracionista español en el régimen bonapartista.

Tanto en su definición como en el imaginario colectivo, este término ha sobrevivido hasta nuestros días con un matiz mayormente peyorativo, por lo que es utilizado a modo de mofa y descalificación para hablar de aquel que traiciona a sus orígenes.

A causa de la gran controversia que ha generado la cuestión de la identidad de Jorge Semprún a lo largo de su vida, el autor ha tenido que encontrarse con este término en muchas ocasiones. Lo cierto es que la pluralidad identitaria que caracteriza a su figura, lejos de ser vista como un aspecto positivo por la riqueza cultural que comporta, ha sido fuente de indignación o molestia para un gran número de críticos.

La asunción de la lengua y cultura francesa durante su exilio lleva a los españoles a denominarlo afrancesado; su origen español, en cambio, hace que los franceses lo vean como un rojo republicano español; y, en el campo de concentración de Buchenwald luce el distintivo de *Spanier*, español, sin embargo, es capturado por su participación en la Resistencia Francesa. Incapaces de encasillar o controlar a un hombre que siempre se ha mostrado contundente en sus afirmaciones y no ha tenido inconveniente en pensar libremente e, incluso, contradecirse cuando el curso de la historia le ha mostrado que seguía un camino erróneo; en muchas ocasiones, sus oponentes se valdrán de esa imposibilidad de situarlo en un territorio concreto para descalificarlo refiriéndose a él como a un afrancesado. En su obra *Federico Sánchez se despide de ustedes* (1993) señala que fueron muchos los que pusieron el grito en el cielo al descubrir que Felipe González pretendía nombrar ministro de cultura a alguien como él:

> Uno de los procedimientos más frecuentes de los que criticaban mi nombramiento era el de privarme de mi españolidad, haciendo de mí un extranjero. Después de tantos años vividos en Francia, ¿podía seguir siendo verdaderamente español? Además, ¿no había escrito en francés la mayor parte de mis libros? ¿Qué mosca le había picado a Felipe González cuando le dio el Ministerio de Cultura a un escritor francés? (Semprún, 1993: 148).

Frente a estas reacciones por su nombramiento, el autor celebra esta identidad que le atribuyen, pues históricamente los afrancesados eran aquellos que pretendían introducir ideas modernas y en su misma situación se encontraban artistas tan importantes como Luis Buñuel o Pablo Picasso. Asimismo, le resulta irónico que los periodistas que se dedicaban a atacarlo en sus artículos tengan apellidos cuya filiación no puede remontarse tan lejos como la suya:

> Yo podía remontar la filiación de mis apellidos hasta el alba de los tiempos históricos y ellos pretendían excluirme de España. Yo podía oír a don Quijote decirle a Sancho Panza el nombre de los Gurrea de Aragón entre aquellos de las nobles familias de la época, sabía que la sangre de los Gurrea corría por mis venas, y los Gutiérrez y Rodríguez que me trataban de afrancesado podían irse a paseo.
> Me daban lástima, sencillamente (Semprún, 1993: 150).

Como es ya una de sus huellas dactilar, el autor consigue que todos esos factores que el exterior utiliza como debilidad, se conviertan en una virtud interior. Sin embargo, la dureza del ataque que recibe no reside tanto en el término que utilizan, al fin y al cabo, es complicado herir con este tipo de nimiedades a una persona que ha experimentado el exilio, la tortura y los campos de concentración; la dureza se halla, justamente, en el hecho de que, tras todos los sucesos históricos vividos durante el siglo XX, se vuelva a utilizar la identidad y la pertenencia como un factor de exclusión:

> Durante toda la duración de mi ministerio, habré sido el blanco de esporádicas campañas sobre este tema del afrancesamiento. A veces mantenían cierto tono político, pero en otras ocasiones adoptaban un tono directamente personal que resultaba nauseabundo (Semprún, 1993: 150-151).

En cualquier caso, más allá de intentar discernir si debe ser considerado como francés o como español, lo que queda patente, tanto por su trayectoria vital como literaria, es que Semprún es un verdadero europeo, un personaje clave de su historia, siempre comprometido.

Alberti, Rafael

Rafael Alberti (1902-1999) fue un poeta español de la conocida como Generación del 27. Su obra, de gran extensión, se caracteriza por la evolución y la variedad de temas, estilos y tonos. La tradición española y las vanguardias europeas se mezclan en su trayectoria, alternándose o conviviendo, para dar lugar a intensas composiciones.

Tradicionalmente, se ha analizado la producción de Alberti dividiéndola en diferentes etapas (Ramoneda, 1990). En primer lugar, se encuentra el llamado neopopularismo, en el que se enmarcarían obras como *Marinero en tierra* (1924), *La amante* (1926) o *El alba del alhelí* (1927). Entre sus temas, destaca la expresión de la nostalgia por el paraíso perdido de la infancia o la añoranza e idealización del mar y de los pequeños pueblos andaluces. Influenciado por la relevancia de la poesía de Góngora en su época, la segunda etapa es la del gongorismo e irracionalismo, en la que se encuentran *Cal y canto* (1929), *Sermones y moradas* (1929-1930) o *Yo era un tonto y lo que he visto me ha hecho dos tontos* (1929). A partir de la escritura de *Con los zapatos puestos tengo que morir* (1930), se inicia la etapa de la poesía comprometida. En este momento, Alberti reniega de sus composiciones anteriores, tildándolas de burguesas, y se dirige a la masa: "Cuando el poeta, al fin, toma la decisión de bajar a la calle, contrae el compromiso, que ya sólo podrá romper traicionando, de recoger y concretar todos los ecos, desde los más confusos a los más claros, para lanzarlos luego a voces allí donde se le reclame" (Alberti *apud* Ramoneda, 1990: 481). Finalmente, llega la etapa del exilio, en la que el poeta mantiene su compromiso, pero las inquietudes políticas y sociales, así como los experimentos vanguardistas, se suavizan. El autor se centra ahora en el tema de la España perdida, causante de una fuerte melancolía, y vuelven motivos como el mar o la añoranza de la infancia. *Pleamar* (1944), *Ora marítima*

(1953), *Baladas y Canciones del Paraná* (1953) y *Sonríe China* (1958) son algunos de los poemarios que se encuentran en esta última etapa.

Las referencias a la obra de Rafael Alberti son constantes en la producción de Jorge Semprún, ya sea como reflexión propiamente literaria, como conexión vital o como artificio.

En *Adiós, luz de veranos...* (1998), obra dedicada a la experiencia del exilio español en Francia y, por tanto, a los inicios de la formación de los ideales, Semprún se reconoce en los valores de Alberti durante los años 30, es decir, en la etapa de la poesía comprometida. Sus versos, le sirven para expresar su compromiso político, rememorar a antiguos combatientes de la XIV Brigada Internacional o seducir a sus primeros amores.

En *La escritura o la vida* (1994), Semprún reflexiona sobre un posible estudio comparativo de los poemas de Aragon, Bertolt Brecht y Rafael Alberti. El autor cree encontrar en ellos la expresión de una violencia común causada por el desencanto tras la Primera Guerra Mundial, así como por el rechazo de la impregnación de una suerte de cinismo burgués en la cultura y el pensamiento. En este sentido, alude a la falta de estudios relativos al inventario de desastres espirituales y políticos provocados por la guerra. Tanto en esta novela como en *Adiós, luz de veranos...* (1998) se refiere a la conexión y comprensión que sentía con el Alberti de esa época: "todavía vivía yo en el mismo universo de verdades y valores afilados como la espada de los ángeles exterminadores" (1995: 195); sin embargo, lamenta la disgregación que, a causa de los cambios de estrategia del comunismo, ha sufrido su obra poética en varias ocasiones. Esta leve denuncia de los riesgos artísticos que produce la puesta de la poesía al servicio de la política, desaparece en *Viviré con su nombre, morirá con el mío* (2011). En este nuevo relato de la experiencia concentracionaria, la poesía de Rafael Alberti, junto a la de otros poetas españoles como García Lorca o Miguel Hernández, aparece recitada a viva voz por los deportados españoles que encuentran en ella un sustento espiritual que les permite hacer frente a la añoranza por la patria y la libertad perdidas. A través de sus versos, los prisioneros canalizan su ira y su tristeza al tiempo que se hinchen de energía para afrontar su situación. Asimismo, cobra una gran importancia la obra *Sobre los ángeles*, publicada por Alberti en 1974, en la que expresa la pérdida del paraíso perdido. El poema "El ángel bueno" es utilizado por Semprún para referirse al joven ruso, encarnación del Bien Radical, que le permite con su ayuda y riesgo, superar una de las temibles pruebas físicas con las que los soldados nazis se divertían torturando a los deportados. A propósito de este poema, López Castro (2005) señalaba que Alberti se halla en una búsqueda de mediación estética para conciliar la unidad con la alienación, por lo que el arte actúa como compensación vital de la incomunicación gracias a la fluidez de su expresión. En este sentido, su evocación en la obra de Semprún corresponde a esa necesidad de compensar el predominio de la maldad y de la degradación identitaria gracias a la figura de un hombre que se impone y arriesga su vida para reafirmar su autonomía.

Alfonso XI, calle

Son muchas las novelas de Semprún en las que se evoca el recuerdo del apartamento familiar situado en el número 12 de la calle Alfonso XI de Madrid, pues se trata de la residencia en la que vive una primera infancia feliz, sin preocupaciones, junto a sus hermanos y sus padres. En *Aquel domingo* (1980) se refiere al recuerdo de "los pasteles de merengue de los domingos, en Madrid. Los churros del desayuno, los días festivos, después de la misa en San Jerónimo. O también, cosa que deja maravillado a Fernand, el recuerdo enternecido de los garbanzos de un cocido familiar y sistemáticamente seminal" (1980: 54). Sin embargo, este espacio familiar es también un símbolo de su primer desarraigo, pues en él tiene lugar la muerte de su madre, tras una larga agonía.

La figura de Susana Maura Gamazo (1894-1932) aparece en las obras del autor descrita como una mujer moderna y orgullosa de la llegada de la República a España. Luciendo una bandera republicana colgada del balcón y haciendo sonar el himno, no duda en abrazar las innovadoras ideas que trae la nueva etapa política y social. Sus hijos son educados en una de las habitaciones de este apartamento convertida en aula, siguiendo la línea pedagógica de la Institución Libre de Enseñanza promovida por Francisco Giner de los Ríos. Con las clases de Susana Maura, a diferencia de los otros niños encerrados en las escuelas, los hermanos Semprún aprenden a leer, escribir y salen a jugar al parque para seguir experimentando y aprendiendo. Jorge Semprún la describe como una madre cariñosa y comprensiva, a la que admira. En 1929, contrae una complicada infección y el cuarto matrimonial se convierte en una habitación de hospital, cambiando el imaginario que poseían de este apartamento. Tras tres duros años para ella y su familia, muere de septicemia cuando el autor cuenta con solo ocho años:

> Al morir mi madre esa habitación fue condenada durante dos largos años (…) Nadie nos había explicado los motivos de esa implacable clausura destinada sin duda a protegernos de los efluvios deletéreos de una interminable y dolorosa agonía Yo pasaba delante de la puerta de la habitación de mi madre Su cámara conyugal y mortuoria Temblando pasaba varias veces al día ante aquella puerta que encerraba los secretos de la muerte (…) El recuerdo de la larga agonía de mi madre (1998: 45).

Posteriormente, el 17 de julio de 1936, este hogar vuelve a convertirse en el símbolo de un segundo desarraigo, cuando toda la familia pone rumbo a

Lequeitio, Vizcaya, para pasar las vacaciones de verano como acostumbraban a hacerlo desde 1933. La diferencia es que, en esta ocasión, esa partida supone la última vez que los Semprún están juntos en esa casa, pues el estallido de la guerra civil los obliga a dejar el país y comenzar una nueva vida como exiliados: "Había abandonado esta calle una mañana de julio de 1936, para las vacaciones de verano. Toda una vida antes: medio siglo antes. Se dice rápido, de golpe. Se escribe de un solo trazo, pero pesa en la memoria del alma y el cuerpo. Medio siglo" (1993: 16).

En un curioso giro del destino, Semprún se reencuentra con este apartamento, símbolo del paraíso perdido, muchos años después durante su etapa como Ministro de Cultura, entre 1988 y 1991, en el gobierno de Felipe González. Como era habitual en el gobierno, le asignaron como residencia un ático situado en la antigua sede de Loterías del Estado en la calle Montalbán de Madrid, el cual cuenta con una habitación orientada a la calle Alfonso XI desde la que puede ver su antiguo hogar:

> Así, medio siglo después de haber abandonado el barrio del Retiro – el parque, el museo, el jardín botánico, la iglesia de San Jerónimo, las calles residenciales, la tienda de Santiago Cuenllas, el hotel Gaylord's –, después de dos guerras, el exilio, Buchenwald, el comunismo, algunas mujeres, unos cuantos libros, resulta que he regresado al punto de partida (1993: 17).

Desde el miércoles 7 de junio de 2017, día del sexto aniversario de su fallecimiento, en la fallada del número 12 de la calle Alfonso XI se encuentra una placa que el Ayuntamiento de Madrid, de la mano de la entonces alcaldesa Manuela Carmena, decidió situar para homenajearlo por sus grandes aportaciones como escritor, intelectual y pensador. En dicha placa pueden leerse las siguientes palabras:

> Aquí vivió desde 1928 hasta 1936 Jorge Semprún Maura (1923-2011) Expatriado, deportado a Buchenwald, escritor y político español.

Algarabía

Algarabía es el término que da título a una novela de Jorge Semprún publicada en 1981, con la que sumerge al lector en un universo babélico, en el que la lengua de origen, el español, y la lengua del exilio, el francés, se comparten, se mezclan y se influencian en la trayectoria vital del protagonista.

El Diccionario de la Real Academia de la Lengua Española ofrece cuatro definiciones para la voz algarabía:

1. coloq. Gritería confusa de varias personas que hablan a un tiempo;
2. coloq. Lengua atropellada o ininteligible;
3. p.us. árabe;
4. p.us. Enredo, maraña.

A través de ese griterío confuso que, en ocasiones, puede volverse ininteligible con el que convive, Semprún busca experimentar, jugar con los idiomas y exceder sus límites a través de la creación de galicismos, hispanismos y términos inexistentes. Prueba de ello sería el propio título original de la novela, *L'Algarabie*, una traducción literal de la voz española que no existe en francés. De hecho, para llevar al límite la experimentación y el juego lingüístico le propuso al editor español que se tradujera como El charabiá, término de origen occitano con el mismo significado etimológico.

De esta manera, en esta obra, se va tejiendo un relato en el que la polifonía y la mezcla lingüística es a la vez dominio y maestría de los dos idiomas que componen la identidad del escritor; y caos y esquizofrenia identitaria del protagonista, Rafael Artigas, su alter ego, quien muere en cierto modo a causa de esa algarabía.

Durante la lectura, se dibuja una personalidad marcada por un estado de multilingüismo con las luces y sombras que lo acompañan. A pesar de las dificultades que ha conllevado para Semprún ser un escritor de origen español que escribe principalmente en francés, lo cierto es que nunca ha renegado de la lengua de su infancia, protegida en ocasiones por el silencio como virtud interior, pero que siempre resurge de alguna manera en su trabajo. Su ambivalencia lingüística se muestra perfectamente en este caso a través del gran repertorio de españolismos con los que se divierte jugando con la lengua francesa. Sin embargo, el español y el francés no son los únicos idiomas que afloran en esta suerte de universo babélico, sino que llega a emplear hasta 6 lenguas diferentes. Entre ellas, resulta sorprendente el uso del latín que, además, se restringe únicamente a las escenas eróticas. En una entrevista explica que los motivos de esta elección responden al hecho de que:

> En las familias, los libros prohibidos menos controlados son los que están en latín. En mi caso, el descubrimiento de ciertas cosas fue a través de él (…) Además, volvemos otra vez a la cultura de los personajes que da este tipo de novela elitista, una especie de masonería o complicidad entre ellos por la cultura, y el latín es la lengua de esa complicidad (Semprún *apud* Ferrer: 1982).

Para completar el griterío confuso e ininteligible, las técnicas narrativas elegidas presentan todo un reto de seguimiento y comprensión de la historia. El personaje principal, Artigas, un viejo estalinista sin papeles, en ocasiones le quita la palabra al narrador y habla en primera persona. El narrador, a su vez, alterna la primera y la tercera persona del plural y singular para referirse a sí mismo, da explicaciones sobre sus procedimientos literarios, pierde el control de los personajes o llega a ser juzgado:

> El Narrador, en efecto, se ha deslizado subrepticiamente en el interior del autobús, con la intención – fundamentalmente narcisista, hay que reconocerlo, pero ¿qué narrador, escritor o, incluso, escribano, no lo es un poco? – de asistir al desarrollo de este nuevo capítulo de las aventuras que ha imaginado. Sentado al fondo del autobús, junto a un grupo de japonesas gorjeantes y rollizas, observa a Yannick de Kerhuel. Se pregunta si ésta apreciará sus astucias narrativas, con el plato sorpresa que le reserva al final de este corto viaje. Pues el Narrador se siente por completo satisfecho de este capítulo, que ha preparado con fruición (1982: 55).

Asimismo, la mezcla de ficción y realidad identitaria en las diferentes voces, pues tanto Artigas como Bustamente o el propio narrador contienen aspectos biográficos que recuerdan a Jorge Semprún, no solo pueden confundir al lector, sino que ellos mismos llegan a dudar de su propia identidad:

> Pero la palabra "moi", "yo", pronunciada a media voz, provoca una brusca cesura en su recitación automática. O una censura, ¿quién sabe? Este "yo" recitativo hace nacer súbitamente una angustia que se desborda. ¿"Yo"? ¿Quién es ese yo? Sabe bien que él no ha escrito esos versos, surgidos nadie sabe de dónde (…) Sin embargo, estos versos que acaban de surgir en su memoria alguien los ha escrito ya. Algún otro (…) han sido ciertamente escritos por el Otro que, desde hace algún tiempo, se insinúa en su ser (1982: 82).

Finalmente, es muy sintomática la dificultad que ha tenido la crítica para clasificar esta obra; si algunos autores como Molero (2000a) (2000b) se refieren a ella como una novela, otros como Alberca (2007) o Mercadier (2002) la incluyen dentro de las autoficciones semprunianas. El propio autor se enfrenta a una gran dificultad en el momento de creación de esta obra por el cambio constante de idioma, así como por el resurgimiento de recuerdos íntimos de la infancia y, a causa de ello, comienza a escribirla en 1974, pero no consigue terminarla hasta el año 1981.

Améry, Jean

Jean Améry, cuyo verdadero nombre es Hans Mayer, es un escritor y filósofo nacido en Viena el 31 de octubre de 1912 y fallecido en Salzburgo el 17 de octubre de 1978.

Criado en la religión católica, el origen judío de su padre lo convierte en víctima del nazismo. En 1938, se ve obligado a huir de Austria y se dirige al campo de Gurs junto con su primera mujer, posteriormente se escapa a Bélgica y se une a la Resistencia, pero es capturado y torturado por la Gestapo, por lo que termina deportado en el campo de concentración de Auschwitz. Tras la liberación de los campos de concentración, se instala en Bruselas donde, a pesar de redactar sus escritos en alemán, vive en un entorno francófono incapaz de reconciliarse con el pueblo alemán o austríaco. En este sentido, es muy significativo su cambio de nombre que, jugando con las mismas letras, pasa de Hans Mayer, nombre marcadamente germánico símbolo de su antigua vida antes de la tortura y del campo de concentración, a Jean Améry, nombre francés que designa su nueva condición de superviviente y su rechazo de todo lo vivido.

Entre sus obras relacionadas con la experiencia de la tortura y la deportación, destacan *Más allá de la culpa y la expiación. Tentativas de superación de una víctima de la violencia* (1966) y *Levantar la mano sobre uno mismo. Discurso sobre la muerte voluntaria* (1976). En ellas, el filósofo reflexiona sobre los límites del ser humano, descarta la posibilidad del perdón y desvela la naturaleza atroz surgida en el cenit de la sociedad occidental. Estos testimonios poseen un estilo propio que en ocasiones se ha designado como ensayístico-biográfico.

En *Ejercicios de supervivencia* (2012), obra en la que Semprún relata la tortura que sufrió a manos de la Gestapo, el escritor mantiene un diálogo indirecto con Jean Améry. Ambos coinciden en su condición de supervivientes de la tortura y de los campos de concentración, sin embargo, disienten en sus conclusiones sobre la experiencia del ser tras dichas vivencias.

En el plano literario, la escritura es para Semprún testimonio, pero también elaboración y liberación del trauma. Para Améry, en cambio, no parece existir la posibilidad de comprensión ni de cicatrización. Asimismo, en el plano vivencial, Améry considera que la tortura le niega al ser la posibilidad de habitar el mundo, de volver a sentirse "chez soi" (Améry *apud* Semprún, 2012: 63). Para el filósofo francés, los daños soportados expulsan al sujeto de la categoría de ser humano y lo depositan en la de víctima. En contraposición, Semprún defiende que es justamente en la experiencia de la tortura donde el sujeto encuentra su verdadero lugar en el mundo, al establecer toda una red de conexiones fraternas con su silencio. Mientras que el verdugo sufre una deshumanización integral, el torturado en su firmeza reafirma su humanidad:

> La experiencia de la tortura no es únicamente, quizá ni siquiera principalmente, la del sufrimiento, la de la abominable soledad del sufrimiento. Es también, sobre todo sin duda, la de la fraternidad. El silencio al que uno se aferra, contra el que uno se apoya apretando los dientes, intentando evadirse mediante la imaginación o la memoria de su propio cuerpo, su miserable cuerpo, ese silencio es rico en todas las voces, todas las vidas que protege, a las que permite seguir existiendo (Semprún, 2016: 57).

Como indica Siguan (2022), en relación con la vivencia de los campos de concentración, tanto Améry como Kertész, Levi o Delbo comparten la conciencia de ser unos retornados, les une la llamada imagen del *revenu*, por lo que se saben incapaces de reconstruir su identidad y, por tanto, de sobrevivir. Lo cierto es que también Semprún utiliza este término en *La escritura o la vida* (1994) para identificarse a sí mismo tras la salida de Buchenwald. De hecho, la duda sobre el concepto mismo de supervivencia aparece plasmada en *Aquel domingo* (1980).

No obstante, a pesar de que ambos participen de la misma duda ontológica, en el caso de Semprún, su resolución sobre el sentido de la vida después de Buchenwald difiere sustancialmente. Para comprender las discrepancias cabe tener en cuenta que, por un lado, Améry se ve obligado a participar en la resistencia por sus orígenes judíos, mientras que Semprún se une por un fuerte compromiso político y; por otro lado, el sistema nazi y el colaboracionismo o silencio cómplice del pueblo alemán hacen ver a Améry que toda esa cultura alemana de la que se sentía parte, en realidad nunca le ha pertenecido, nunca ha sido un pleno alemán como los otros; por lo que, tras la liberación no existe ninguna patria a la que volver, es un judío y su destino es el de eterno exiliado. Semprún, aunque también vive el exilio, tiene una patria que reconquistar y que siente como propia de pleno derecho, por eso, la identidad de antiguo deportado de Buchenwald trae consigo la dignidad de haber luchado contra el totalitarismo.

Finalmente, en relación con la existencia de la figura del intelectual en un entorno como un campo de concentración, se encuentra otra diferencia insalvable entre ambos autores. En el capítulo "En los límites del espíritu", Améry concluye que el intelectual está condenado a fracasar en un medio de esa naturaleza y lo califica como un mal superviviente. El temperamento analítico del intelectual lo lleva a cuestionar los hechos y las órdenes dificultando su capacidad de adaptación hasta convertirlo en un ser resignado, incapaz de luchar contra ese sistema perfectamente creado para su destrucción física y moral. Esta negatividad del ser intelectual se transforma radicalmente en la obra de Semprún. Tanto en su faceta de exiliado como en la de torturado, deportado o agente clandestino, su bagaje cultural es siempre lo que le otorga una herramienta para sobrevivir. Es justamente el pensamiento analítico, compuesto de sus lecturas filosóficas, literarias, políticas, sociológicas, etc., el que le posibilita la evasión de la eventualidad del acontecimiento presente y lo lleva a basar su estrategia de supervivencia en una causa más amplia. El contraste en el rechazo de las posibilidades del intelecto se observa claramente en la capacidad de evocación poética en el campo. En el caso de Améry, la poesía se ve anulada en ese entorno, carece de todas sus facultades esenciales:

'Están los muros en pie/ mudos y fríos, en el viento/ rechinan las veletas', murmuré obedeciendo al dictado mecánico de una asociación. A continuación, repetí la estrofa en voz alta, presté atención al sonido de las palabras e intenté escuchar el ritmo, confiando en que se revelara el modelo espiritual y emocional que desde años atrás se vinculaba para mí con este poema de Hölderlin. Nada. El poema ya no trascendía la realidad. Estaba allí y no era más que una descripción de hechos objetivos: esto y aquello, y el Kapo grita 'izquierda' y la sopa está aguada, y las veletas rechinaban al viento (Améry, 2001: 61).

Para Semprún, al contrario, la poesía posee una fortaleza lo suficientemente densa como para permitirle la evasión y para revestirse de nuevos significados. Los versos no solo no se apagan en el campo, sino que, de alguna forma, crean y recrean, poseen capacidad de evocación infinita, se integran e, incluso, trascienden la vivencia concreta.

Si bien es cierto que Améry se muestra muy rotundo en la negación de la cultura como posible salvación, es necesario también señalar que es, por medio de la cultura, que erige toda una obra destinada a dejar un testimonio efectivo de su experiencia y a tratar de comprenderla y de darle un sentido. Por lo tanto, si no admite su poder en el campo, después de él parece ser indispensable para su expresión y entendimiento:

Améry utiliza la tradición literaria como sustrato de su propia escritura, incluyendo constantemente referencias y camuflando citas, de forma que el hilo de su discurso queda entrelazado con otros muchos discursos con los que establece una relación de simpatía, incluso de diálogo (Siguan, 2022: 61).

Con sus afinidades y discrepancias, Jean Améry y Jorge Semprún representan dos facetas del intelectual frente a los conflictos históricos del siglo XX que nos permiten comprender mejor los claros y oscuros de una época profundamente compleja.

Artaud, Antonin – Descripción de un estado físico

Antoine Marie Joseph Artaud (1896-1948), conocido como Antonin Artaud, es un escritor francés con una amplia obra que explora diversos géneros, famoso por crear el llamado teatro de la crueldad.

Aunque la presencia de Artaud no es tan habitual en la obra de Jorge Semprún, como ocurre en el caso de artistas como Baudelaire, sí es muy sustancial y relevante por las circunstancias personales a las que alude. Como es común, la comprensión de las posibilidades de la evocación poética supera siempre en Semprún los límites de su contexto original. En este sentido, si las causas por las que Antonin Artaud experimenta un gran dolor existencial difieren de las suyas, ello no es una barrera para que, aludiendo justamente a la universalidad de la poesía, se reconozca en su esencia, como se verá a continuación.

Artaud es un artista obligado a convivir con una enfermedad mental que repercute continuamente en su labor literaria. A través de las cartas enviadas a Jacques Rivière, se puede ya observar el malestar interior y el duelo existencial que habitan en él. En esa correspondencia, Artaud explicita el dolor y la escritura nacida como una búsqueda desesperada de auxilio, comprensión y curación. En una carta enviada el 6 de junio de 1924, describe las crueles dudas y las desgraciadas certitudes que pueblan su ser. El autor se siente frustrado por la imposibilidad, ocasionada por una especie de voluntad superior que ataca su alma, de expresar de forma lúcida y organizada la claridad de sentimientos y realidades que, sin embargo, sí posee. Sus palabras dejan constancia de la lucha interior en la que se haya sumido. Su enfermedad mental se envuelve en una especie de misticismo por el que sus intentos de expresión siempre terminan fracasando y la poesía es, al mismo tiempo, actividad imposible y necesidad exigente. En el prefacio de *El ombligo de los limbos* (1925), se dirige al lector para advertirle de que está a punto de enfrentarse a la expresión desnuda, completa y sin plan, no de una obra, sino de su alma misma. El artista propone una quema de las cuestiones vitales que le atormentan y espera transportar a los receptores por caminos sinuosos que nunca habrían imaginado recorrer. En sus diferentes partes, desarrolla ese malestar que le habita refiriéndose a su ser como escindido, sin pensamientos y, esencialmente, abismo.

Jorge Semprún hace referencia al poema "Descripción de un estado físico" presente en *El ombligo de los limbos* (1925), en sus obras *Adiós, luz de veranos...* (1998) y *Aquel domingo* (1980). En esta descripción, Artaud relata el sufrimiento de un cuerpo frágil, torpe en sus movimientos por una profunda sensación de quemazón, que intenta vanamente luchar contra una fatiga que lo habita. El ser, a través de ese cuerpo sufriente, siente el peso de un mundo incomprensible e inalcanzable que le causa dolor. Nuevamente la palabra parece fracasar en su intento de contraponerse a esta situación por el efecto negativo de un cerebro dañado: "Las palabras se pudren en el llamado inconsciente del cerebro, todas las palabras por no importa qué operación mental y sobre todo aquellas que tocan los resortes más habituales, los más activos del espíritu" (Artaud, 2002: 9). En este contexto, el poeta experimenta una ruptura entre el interior y el exterior producida a causa de la descorporalización de la realidad. Las cosas y los sentimientos se alejan y no los rige un orden lógico, sino uno afectivo que se ha extraviado. Esa deshumanización del exterior que conlleva la ruptura provoca las consecuencias corporales que se describen y ante las cuales el cerebro no puede actuar. Es en esta tensión corporal donde Semprún encuentra una expresión de su estado físico y anímico durante las primeras semanas de exilio en París. La sensación de desarraigo, la dispersión familiar y las diferentes muestras de odio que encuentra durante su travesía, acrecentadas por la caída de Madrid en marzo de 1939, lo sumen en un estado de amargura y de hastío vital. Este estado será compartido por su padre, José María Semprún Gurrea, pues también él se describe a sí mismo como una especie de cadáver ambulante en una carta enviada a José Bergamín. Los cuerpos de ambos exiliados, como el descrito por Artaud, se ven invadidos por una pesadumbre existencial que es consecuencia directa también en ellos de la ruptura entre el exterior y el interior. El desarraigo supone, junto a la pérdida de la tierra natal, la incapacidad de habitar el mundo y la descomposición de su identidad y de su existencia tal y como la concebían hasta el momento. En esa situación, deben buscar la manera de recomponerse y de reinventarse para poder hacer frente a la parálisis que los invade.

Artificio

Término utilizado por Semprún para referirse a la necesidad de un tratamiento artístico de la experiencia de los campos de concentración en aras de facilitar su comprensión.

El surgimiento de testimonios literarios relativos a la experiencia de los campos de concentración trae consigo un intenso debate sobre la forma y las técnicas que deben emplearse para expresar lo sucedido. Algunos autores y artistas como Claude Lanzmann cuestionaban la legitimidad del uso de la ficción, alegando que corre el riesgo de falsear y convertir en mentira el suceso, "la vérité tue la possibilité de la fiction[1]" (Lanzmann *apud* Felman, 1990: 57), llegando a acusar de cometer un crimen moral a aquellos que la empleaban: "c'est de fiction qu'il s'agit. C'est-à-dire en l'ocurrence (…) d'un mensonge fondamental, d'un crime moral, d'un assassinat de la mémoire"[2] (Lanzmann, 1990 : 309). Sin embargo, en el lado opuesto se encuentran aquellos artistas que, como Semprún, deben enfrentarse, en el momento de intentar narrar sus vivencias, con las insuficiencias del lenguaje. La cuestión de la denominada indecibilidad de los campos de concentración sitúa al superviviente ante la dificultad de construir un relato que pueda ser comprensible y verosímil para aquellos que no lo vivieron. El escritor

---

1 "la verdad mata la posibilidad de la ficción" (Traducción propia).
2 "se trata de ficción. Es decir, (…) de una mentira fundamental, de un crimen moral, de un asesinato de la memoria" (Traducción propia).

Robert Antelme se refiere en este sentido a la existencia de una distancia abismal entre el lenguaje y la experiencia (1978).

En el caso de Jorge Semprún, las dudas no recaen tanto en el carácter indecible, al contrario, considera que el lenguaje lo contiene todo y, por tanto, puede expresarlo todo; para él, la duda fundamental es si puede escucharse todo y, sobre todo, si puede imaginarse. Sus inquietudes recaen más en la recepción del lector que en la capacidad de expresión del lenguaje. En su obra *La escritura o la vida* (1994), reflexiona de forma explícita sobre la necesidad y dificultad de transmitir la esencia de lo que supuso no solo el paso por un campo de concentración, sino también la creación de los mismos. Si bien pueden ofrecerse multitud de relatos sobre los campos nazis, pues no se trata de algo indecible; la duda básica es de qué manera llegar al lector para ayudarlo a concebir una realidad tildada de inimaginable, conmoverlo y evitar con ello la repetición de lo mismo bajo nuevos aspectos.

El autor menciona que, tras la liberación de Buchenwald, intenta mostrar y explicar a los visitantes que se acercan al campo lo que ha pasado y estos huyen despavoridos. Una huida que le resulta comprensible por la crudeza de la verdad, presentada así desnuda. Asimismo, cuando es él quien debe escuchar el relato de la experiencia de Manuel Azaustre, antiguo deportado del campo de Mauthausen, es incapaz de reconocerse en su narración. Se trata de una vivencia real, Azaustre no miente, y sin embargo su realidad así presentada no es suficiente para dar cuenta de la verdad. A modo de ilustración, Semprún recrea una conversación en la que los deportados discuten sobre la transmisión ahora que han sido liberados y pueden contarlo todo:

> - El verdadero problema no estriba en contar, cualesquiera que fueren las dificultades. Sino en escuchar… ¿Estarán dispuestos a escuchar nuestras historias, incluso si las contamos bien? (…)
> - ¿Qué quiere decir "bien contadas"? – salta indignado uno –. ¡Hay que decir las cosas como son, sin artificios! (…)
> - Contar bien significa: de manera que sea escuchado. No lo conseguiremos sin algo de artificio. ¡El artificio suficiente para que se vuelva arte! (…) ¿Cómo contar una historia poco creíble, cómo suscitar la imaginación de lo inimaginable si no es elaborando, trabajando la realidad, poniéndola en perspectiva? ¡Pues con un poco de artificio! (Semprún, 1995: 140- 141).

Por consiguiente, la transmisión de la esencia, finalidad primordial para Semprún, provoca que se derrumbe la eterna oposición entre objetivismo y subjetivismo en los testimonios literarios y permite, a su modo de ver, el empleo de la ficción. Sin falsear lo sucedido, el autor tiene licencia para apropiarse de la historia, tratarla artísticamente y ofrecer una verdad transmisible y comprensible que conmueva al receptor. En este sentido, su resolución es que el artificio es el único instrumento de transmisión capaz de involucrar realmente al lector. La escritura sempruniana está plagada de referencias artísticas y de recursos estilísticos que guían a la imaginación y ayudan al propio autor a tratar factores como la muerte, la soledad, el hambre continua o la deshumanización.

Uno de los ejemplos del uso del artificio se encuentra en la creación de personajes que le permiten suplir las carencias de la experiencia real o que, incluso, son una representación simbólica de varias personas reales con las que se cruzó. Asimismo, en la escritura sempruniana destaca el empleo de ciertas figuras retóricas muy relevantes desde el punto de vista de la expresión de un suceso traumático como el oxímoron. En su ensayo *La maravilla del dolor* (2001), Boris Cyrulnik señala la importancia que tiene este recurso estilístico como manifestación de una identidad que, a pesar de la herida que padece, es resistente. El oxímoron narra esas dos fuerzas contrapuestas, en tensión, imprescindibles para garantizar el equilibrio. Se trata de la expresión de ese trayecto en el que el dolor logra convertirse en una obra de arte. La obra de Semprún está repleta de oxímoros como patria extranjera, cadáveres vivientes o la imaginación de lo inimaginable, que le ofrecen la oportunidad de dar un nombre a las complejas situaciones que se encuentra en su periplo vital.

Por otro lado, el gran recurso que recorre los testimonios de Semprún es la alusión a obras artísticas importantes en su vida y que, además, son referentes fácilmente identificables de la cultura europea para explicar y profundizar en ciertos aspectos. El arte se convierte en materia de la que nacen infinitas sugestiones, que exploran sus significados, se integran en el imaginario colectivo y ayudan a comprender. Ello se debe a que trabaja bajo un imperativo muy claro: evitar la repetición de las tragedias que marcaron el siglo XX. Y la forma de escapar de lo anecdótico y llegar a esa esencia que transgreda lo peculiar y se vuelva universal es el recurso al artificio. De hecho, el arte en el universo sempruniano es una experiencia absoluta: es un sustento personal durante la vivencia del escritor y es referente compartido durante la recepción del lector. Al recorrer sus testimonios, se recorren las diferentes funciones del arte. En primer lugar, se encuentra su faceta espiritual. Las inquietudes ante la posible muerte de la poesía o de Dios en Auschwitz hallan una vía de escape a través del recurso al arte. En este contexto, se sitúa un joven Semprún, en plena vivencia del exilio, que pierde el interés en la religión y recibe el sustento espiritual que precisa visitando el museo Mauritshuis. A través de la contemplación de *La vista de Delft* de Vermeer o *El jilguero* de Carel Fabritius llena el vacío del desarraigo y de la pérdida de la fe. El mismo valor sagrado cobra el arte en una de las escenas de mayor impacto de la experiencia concentracionaria como es la muerte del profesor Maurice Halbwachs.

Solo a través de la recitación de un poema de Baudelaire, Semprún encuentra el modo de ofrecerle algún tipo de oración sincera. Asimismo, en las letrinas del campo de concentración, lugar pestilente por excelencia en un ambiente caracterizado justamente por la degradación, nada les impide, ni siquiera la ruidosa evacuación de las vísceras, consolarse a través de la recitación de unos versos de Paul Valéry.

En segundo lugar, encontramos el uso del arte como medio capaz de tornar narrable lo indecible. Refiriéndose y evocando obras artísticas presentes en el imaginario colectivo y tratando la realidad con sus mismos procedimientos, Semprún se traslada, y con ello al lector, a la experiencia misma. Esta posibilidad no se produce únicamente a través de las obras de arte surgidas tras los acontecimientos que se evocan, como sería el caso de la alusión a los paseantes de Giacometti, sino que, gracias a su lenguaje universal, que excede los marcos temporales y espaciales, es posible encontrar en el pasado documentos artísticos que facilitan la comprensión de sus propias vivencias. En este sentido, si los campos de concentración son, sin lugar a dudas, un hecho único y singular en la historia de la humanidad; ello no es obstáculo para que, por citar un ejemplo, los versos de Rimbaud sirvan para evocar la decrepitud física y moral que se vivía en el barracón de las letrinas colectivas del Campo Pequeño de Buchenwald:

> Betsaida, la piscina de las cinco galerías, era un lugar de tedio. Parecía un siniestro lavadero, siempre bajo el peso agobiante de la lluvia y la negrura… Y los mendigos se agitaban en los peldaños interiores, a la pálida luz de aquellos fulgores de tempestad que anunciaban relámpagos de infierno… bromeando sobre sus azules ojos ciegos, sobre los paños blancos o azules con los que se envolvían los muñones (Rimbaud, 2001: 192).

Hay un componente de universalidad que permite que el ser humano se reconozca como especie más allá de las salvedades. Es, justamente, esta capacidad del arte de llegar a la esencia de las personas y conmoverlas lo que busca Semprún en su escritura. De hecho, hay un nexo entre la forma de entender el arte entre Semprún y Rimbaud. El poeta francés, en sus *Iluminaciones* (1886), no tiene ningún pudor en evocar la realidad de su sociedad tratándola, deformándola hasta el extremo para, además de contar, poder ver y hacer ver. En sus versos la imaginación tiene libertad absoluta y el único límite es la fidelidad a la verdad. Ambos autores buscan ese punto de convergencia al que alude Sichère (1993) entre el ser del escritor y los trazos subjetivos que atormentan a la comunidad:

> El artista piensa en el mal, acecha el mal que anida en el seno de su comunidad y propone sus propios exorcismos a esa comunidad virtualmente infinita de sus espectadores y lectores (…) Esta posición muy singular que ocupa hace de él un testigo irremplazable y más que testigo aún, lo convierte en alguien que discierne las figuras del mal dispersas

en el seno de su comunidad, en alguien en suma que carga sobre sí el peso del mal difundido en todas partes para ponerlo en música y pensamiento (1993: 225).

Esta definición del artista define a Jorge Semprún, pues escribe como testigo, pensando en el mal, cargándose sobre él su peso y buscándole una salida a través de un trabajo de escritura exigente y constante. Su conciencia clara de la necesidad de llegar a la densidad de lo sucedido, lo lleva a apoyarse en el artificio para abrir nuevas posibilidades de evocación y reflexión.

Por todo ello, en tercer lugar, en el universo sempruniano el arte es en sí mismo testimonio. No es un elemento ajeno a la historia, sino que explica la historia, expresa sus cauces a veces desgarradores, elabora los traumas que provoca, deja una prueba capaz de transgredir las fronteras de tiempo y espacio, sin dejar con ello de ser aliento y consuelo vital.

En un artículo publicado en el periódico El País el 5 de abril de 2010, "Mi último viaje a Buchenwald", expresa la necesidad, convertida casi en imperativo, de que los escritores se apoderen de la memoria de los campos de concentración y, en general, del horror de los totalitarismos, y la vuelvan eterna por medio de la actividad creadora. Semprún alude a la posibilidad que tiene esa memoria de la muerte de sobrevivir al paso del tiempo y convertirse en una enseñanza y una advertencia para las futuras generaciones, incluso cuando ya no queden testigos directos todavía vivos.

Baudelaire, Charles

Charles Baudelaire (París, 1821-1867), conocido como el padre de los poetas malditos, es un autor francés que revoluciona la escena de su época con la aparición de su obra *Las flores del mal* (1857), de la cual son censurados seis poemas por ser considerados un ultraje a la moral. Baudelaire forma parte de esa generación de artistas que sufren la desilusión por el desastre de la Revolución de 1848 y por el golpe de Estado del 2 de diciembre de 1851. Se sienten esclavos de un mundo que ha perdido la ilusión y se orientan hacia el "arte por el arte". A pesar de partir de algunos presupuestos del Romanticismo, este poeta maldito los supera y crea una estética absolutamente nueva que dará lugar al Simbolismo.

Admirador de la Antigüedad, busca la expresión de una belleza y una prosodia clásica, al tiempo que indaga en un mundo nuevo, moderno, en constante cambio. El poeta se sitúa frente a la ciudad de París, nueva protagonista poética, como un atento observador, visibiliza a los individuos marginales y centra su atención en el destino humano. Aparece con él la expresión estética de lo sombrío. El hombre experimenta lo que Baudelaire denomina el Spleen, es decir, el hastío, el tedio, la angustia asfixiante ante una existencia vacía. La distancia insalvable entre la realidad y el Ideal llevan al poeta a buscar paliativos para su angustia en los llamados "paraísos artificiales", como el amor o las drogas, pero estos no son capaces de calmar su angustia de forma permanente.

Para Jorge Semprún, el descubrimiento de la figura de Baudelaire es capital y sus versos le acompañarán a lo largo de sus diferentes etapas, tal y como atestiguan sus obras. Tras escuchar por primera vez a su amigo Jean-Marie Soutou recitar unos versos del poeta maldito que le producen una gran fascinación, llega a aprender de memoria cada poema del ejemplar de *Las flores del mal* que este le presta. Charles Baudelaire es el poeta que, como señala Walter Benjamin (1999), es capaz de expresar la experiencia del shock y del espanto, por lo que conecta con ese joven en el exilio que acaba de perder todos los elementos que conformaban su vida y su identidad, y deambula perdido en un mundo nuevo que todavía no comprende. En *Adieu, vive clarté...* (1998), obra que debe su título a un verso del poeta, Semprún se declara deudor de su poesía y del acompañamiento moral que supuso para él en su apropiación de la lengua francesa y de la ciudad de París. Semprún, como Baudelaire, siente el *spleen*, y se identifica con esa descripción magistral que el filósofo Jean-Paul Sartre realiza del poeta:

> El hombre que se siente abismo. Orgullo, hastío, vértigo : se ve hasta el fondo del corazón, incomparable, incomunicable, increado, absurdo, inútil, abandonado en un aislamiento total, soportando solo su propio fardo, condenado a justificar absolutamente solo su existencia, y escapando sin cesar, deslizándose de sus propias manos, replegado en la contemplación y, al mismo tiempo, lanzado fuera de sí a una infinita persecución, a un abismo sin fondo, sin paredes y sin oscuridad, misterio en plena luz, imprevisible y perfectamente conocido (Sartre, 1968: 35).

Semprún encuentra en este poeta a ese amigo, hermano y semejante que precisa, en una situación caracterizada por la angustia y la soledad. Se describe descubriendo las calles de París por medio de grandes caminatas, como un eterno errante, y reconociendo en sus esquinas imágenes retratadas en los versos; o iniciándose al mundo de la sexualidad a través del encuentro con una mujer, identificada como esa paseante de la composición de Baudelaire "À une passante", que prefiere dejar marchar en un intento de no corromper el Ideal.

Asimismo, los versos del poeta actúan como una herramienta de escapismo que le permite sobrellevar situaciones traumáticas. Este sería el caso de Jorge Semprún recitándose una poesía en medio del campo de concentración para aislarse del frío y del hambre continua durante los largos controles de los SS; o la utilización de los versos, ante la falta de una oración que ofrecerle a Maurice Halbwachs, antiguo maestro también deportado en el campo de Buchenwald, que se agota entre sus brazos por disentería:

Entonces, presa de un pánico repentino, ignorando si podía invocar a algún Dios para acompañar a Maurice Halbwachs, consciente de la necesidad de una oración, no obstante, con un nudo en la garganta, dije en voz alta, tratando de dominarla, de timbrarla como hay que hacerlo, unos versos de Baudelaire. Era lo único que se me ocurría. O mort vieux capitaine, il est temps, levons l'ancre... (Semprún, 1995: 35).

La lectura de las diferentes obras de Semprún deja patente la huella que los versos de Baudelaire imprimieron en su formación intelectual, a la vez que actúa como un recurso artístico indispensable para estetizar situaciones traumáticas de su vida y de la historia de Europa.

Blum, Léon

Léon Blum (1872-1950) es un personaje clave de la política francesa. Licenciado en derecho y en literatura, comienza ejerciendo como crítico literario hasta que, a causa del conocido como Caso Dreyfus y del encuentro con el líder socialista Jean Jaurès, se interesa por el mundo de la política. Entra a formar parte del partido socialista francés (SFIO), consigue crear una coalición de izquierdas llamada el Frente Popular para luchar contra el ascenso del fascismo en Europa. En 1936, dicha coalición vence las elecciones y ocupa el cargo de Primer Ministro. Su mandato es conocido por los grandes avances sociales que supuso la implantación de la semana laboral de 40 horas, las vacaciones remuneradas y la negociación colectiva de las condiciones de los trabajadores. No obstante, su decisión de no intervenir en el conflicto de la Guerra Civil española pervive como uno de los mayores errores de su carrera. Durante el año 1937 la oposición del Senado hace caer el gobierno, pero al año siguiente vuelve a conseguir el poder endureciendo su oposición al fascismo y al avance expansionista de la Alemania nazi. A causa de sus orígenes judíos y de sus decisiones sobre política exterior, con el estallido de la Segunda Guerra Mundial y el progreso del nazismo comienza a ganarse el odio de gran parte del país. Tras la implantación del gobierno de Vichy, se enfrenta a un juicio con el que se buscaba su condena como culpable de la derrota de la guerra. Posteriormente es entregado a los alemanes, lo que supone su deportación a los campos de concentración de Buchenwald y Dachau. Durante su encierro, escribirá su obra À l'échelle humaine en la que realiza un análisis de su trayectoria política y que será publicada en 1945. Una vez finalizada la Segunda Guerra Mundial, preside un gobierno de transición que termina con la instauración de la IV República Francesa.

Si bien en la vida cotidiana del campo de concentración, no parece haber existido una relación demasiado significativa entre él y Jorge Semprún, la alusión a su presencia sirve al escritor para tratar un tema crucial: la cuestión del olor invasivo y constante que se hallaba en los campos y que, a pesar de la liberación, no los abandonaría jamás.

"Ese extraño olor" del que hablaba Blum, definido por Semprún como "dulzón, insinuante, con tufos acres, propiamente nauseabundos" (1995: 18), era el olor que los devolvía a la realidad del sistema de aniquilación que se llevaba a cabo en los campos: el olor de los hornos crematorios. Es, además, en el plano metafórico, el símbolo del Mal en su forma más radical.

En los sujetos que han experimentado una situación traumática, los estímulos sensitivos poseen un gran poder como desencadenantes de los recuerdos. En el caso del olfato, este poder evocativo es más intenso, pues la información olfativa, recorre el bulbo olfativo y llega hasta la corteza cerebral, por lo que su ubicación es clave para la recuperación de recuerdos y emociones. En este sentido, Semprún se refiere a un olor "originario", capaz no solo de evocar la realidad de lo vivido, sino también de revivirla, de sumir al sujeto en ella, de devolverlo a la vivencia de la muerte, ya no como pasado, sino como presente: "El extraño olor surgiría en el acto en la realidad de la memoria. Renacería en él, moriría por revivir en él. Me abriría, permeable, al olor a lima de ese estuario de muerte, mareante" (1995: 19).

Por otro lado, en su obra *Aquel domingo* (1981), la presencia de Léon Blum sirve al autor para realizar una reflexión comparativa sobre un espacio como el Ettersberg en diferentes momentos de la historia y desde diferentes perspectivas.

Buchenwald, campo de concentración

Construido en 1937 sobre la ladera norte del Ettersberg, al noroeste de Weimar, es uno de los campos de concentración nazi más grandes. Al principio recibía solo deportados varones, pero, a partir de 1944, empieza a recibir también mujeres.

En *Aquel domingo* (1981), Semprún cuenta la historia del origen del campo. El 3 de junio de 1936, Fritz Sauckel, jefe del Servicio de Trabajo para el Reich que, posteriormente, sería juzgado y condenado a muerte por el Tribunal de Nuremberg, recibe una comunicación oficial en la que se expresa la necesidad de encontrar en Turingia un terreno para el traslado del campo de concentración de Lichtenburg. Tras varios intercambios de correspondencia administrativa, el 5 de mayo de 1937, se informa de que finalmente el terreno elegido será la colina del Etter, el Ettersberg, cerca de Weimar. Una vez decidido el emplazamiento, la cuestión de la apelación del campo parece producir un pequeño debate. El primer nombre de K.L. Ettersberg provoca la indignación de la Asociación Cultural Nacionalsocialista de Weimar que no puede aceptar que el nombre de un lugar asociado a una figura tan ilustre como Goethe sea, a partir de ese momento, relacionada con un campo de concentración "en donde se congregaría la hez de la tierra" (1981: 20). Efectivamente, el Ettersberg era muy conocido por el amor que Goethe sentía por él y por sus grandes paseos y conversaciones con Eckermann. De hecho, si la instalación del campo supuso la tala de todos los árboles de la colina, hubo uno que se salvó y sobre el que Semprún reflexiona en varios de sus libros por su paradójica situación: el árbol de Goethe en el que, al parecer, había grabado sus iniciales con una navaja. Sin embargo, este carácter sagrado del árbol, ignorado por los oficiales de las SS, se perderá cuando sea utilizado para torturar y ahorcar a los presos. Finalmente, será incendiado por una bomba de la aviación estadounidense. Por lo tanto, descartado un nombre que pueda asociarse a una figura tan representativa de la razón y la cultura, se rechaza igualmente la apelación de Hottelstedt, por el perjuicio que sufrirían los SS en sus primas de alojamiento, y se decide cerrar el tema con el nombre de K.L. Buchenwald-Weimar "así, no se vulneraría la buena conciencia de los burgueses de la región y los militares de las SS podrían cobrar primas de alojamiento dignas de su rango social" (1981: 20).

Jorge Semprún es inscrito en Buchenwald el 29 de enero de 1944, como preso político español número 44.904. A pesar de que, por un empeño rebelde, insiste en que su ficha sea rellenada con el oficio de estudiante, el encargado de registrar la información de los deportados que iban llegando – posiblemente un camarada comunista – decide escribir *stutakeur*, es decir, estucador, hecho que con mucha seguridad le salva la vida, pues para sobrevivir en Buchenwald es necesario ser un obrero cualificado.

En la entrada del campo, lo primero que se ve es el cartel que reza la siguiente frase: *Jeden das Seine*, es decir, a cada cual lo suyo. En varias ocasiones, Semprún ha reflexionado sobre la ironía del mensaje de este letrero, sorprendido por la alusión a una supuesta igualdad en un espacio caracterizado por las vejaciones constantes y la falta de moralidad: "¡Una sentencia que alude a la igualdad entre seres humanos, a la entrada de un campo de concentración, lugar mortífero, lugar consagrado a la injusticia más arbitraria y brutal, donde sólo existía para los deportados la igualdad ante la muerte!" (Semprún, 2010). A pesar de que este campo no es propiamente un campo de exterminio, pues está clasificado como un campo de trabajo forzado, la muerte lo recorre a causa de las inhumanas condiciones de trabajo, la falta de higiene y las múltiples enfermedades. La pérdida de compañeros como Maurice Halbwachs o Diego Morales, así como la convivencia diaria con la muerte en sus diferentes manifestaciones es evocada en todos los testimonios semprunianos sobre esta experiencia.

El tipo de deportados destinados a este campo cambia, primero, a partir de noviembre de 1938 y de la llamada Noche de Cristal, tras la que miles de judíos son enviados allí y, después, tras la evacuación de los supervivientes judíos de los campos del Este, entre los que se encontraban, por ejemplo, Elie Wiesel e Imre Kertesz.

El conocimiento de la lengua alemana, su pertenencia a la red clandestina de resistencia del campo y un tercer componente de suerte, como el propio autor señala, permitieron su supervivencia en el campo:

> De todos los deportados españoles, yo era el único que hablaba alemán. ¡Mi agradecimiento, dicho sea de paso, a Fräulein Grabner y a Fräulein Kaltenbach, ayas germánicas de una infancia mimada! De modo que la organización del partido español pidió a los comunistas alemanes que se me asignase un puesto en el Arbeitsstatistik, para tener una representación allí (1981: 32).

En muchas ocasiones se ha dudado de la experiencia de Semprún en Buchenwald y de sus acciones, llegando a tacharlo de kapo o de privilegiado. Sin embargo, cabe recordar que no estaba en las manos de la organización clandestina evitar las muertes y los traslados que los SS ordenaban, en cualquier caso, ese número de personas tenían que morir; en cambio, lo que sí podían hacer era seleccionar a aquellos que tenían más posibilidades de sobrevivir y de luchar contra el sistema, es decir, de contribuir al fin del nazismo. En este sentido, el autor afirma tener la conciencia tranquila. Ante los prisioneros rusos que indignados por su situación en el campo lo capturaban y torturaban para desahogar su rabia, Semprún contestaba que:

> Nada exterior podía humillarme (…) Sólo yo podía humillarme. Quiero decir que lo único que podía humillarme hubiera sido el recuerdo de un acto vergonzoso que hubiese podido cometer yo mismo. Pero yo no hundía la cabeza de nadie bajo el agua verdosa y nauseabunda del baño desinfectante. Lo único humillante hubiera sido encontrarme del lado de los verdugos, de los pudientes, de los aprovechados. Y lo que era seguro es que no estaba en ese lado (1981: 122).

El movimiento de liberación de Buchenwald se produce en abril de 1945, cuando los alemanes comienzan a evacuar a los prisioneros por la inminente llegada de las fuerzas americanas. Los SS pretendían borrar cualquier rastro de lo que estaba sucediendo en el sistema concentracionario que habían creado. Estas evacuaciones, que dan lugar a lo que se conoce como "la marcha de la muerte", terminan con la vida de muchos deportados que se encontraban en condiciones lamentables, sin fuerzas para seguir las órdenes de los soldados. Posteriormente, el 11 de abril, algunos de los deportados que quedaban consiguen tomar el control del campo y ese mismo día entran las fuerzas americanas

liberándolo definitivamente. Según la Enciclopedia del Holocausto, se calcula
que unas 56.000 personas murieron en el campo de Buchenwald y, a su llegada,
los soldados estadounidenses encontraron a más de 20.000 personas.

En el discurso pronunciado con motivo del 65º aniversario de la liberación,
rescata el nombre de los dos hombres que entraron en primer lugar en el campo
de Buchenwald en un jeep americano: el teniente de la inteligencia militar de
la Unidad de Guerra Psicológica del Estado Mayor, Edward A. Tenenbaum y
un civil, Egon W. Fleck, ambos judíos americanos de filiación germánica. Semprún pronuncia sus nombres para que, 65 años después, resuenen en ese espacio
que fue escenario de la maldad sistémica y sistematizada del nazismo contra los
judíos. Se trata de dos nombres que no han pasado a las páginas de la gran historia pero que, sin embargo, gozan de un gran simbolismo por su identidad. En el
informe que estos dos hombres elaboran sobre su llegada al campo, además de la
descripción de miles de sujetos demacrados de cuerpo escuálido, se refieren a la
existencia de una especie de formaciones organizadas que celebraban con júbilo
la liberación. Indican que algunos portaban bazookas, *panzerfausts* en alemán,
y se dirigían hacia el combate y, entre ellos, figuraba un joven Jorge Semprún
de tan solo 22 años, todavía con su triángulo rojo con la S de Spanier, todavía el
deportado 44904: "En la frontera última de una vida de certidumbres destruidas,
de ilusiones mantenidas contra viento y marea, permítanme un recuerdo sereno
y fraternal hacia aquel joven portador de bazooka de 22 años" (Semprún, 2010).

Para Semprún, si bien Auschwitz es, sin duda, el campo más conocido, casi
un emblema de la experiencia concentracionaria, Buchenwald debe permanecer
siempre en la historia por ser un símbolo más amplio de la muerte en el mundo
occidental. El motivo principal es que fue un campo nazi desde 1937 hasta abril
de 1945 y después se reabrió, en septiembre del mismo año, con el nombre de
Speziallager nº2, es decir, reconvertido en el campo especial número 2 de la policía soviética en la zona de ocupación rusa. Posteriormente, en 1950, se cerró
y se transformó en un espacio de recuerdo, pero no es hasta 1989 cuando se
produce una verdadera asunción de las dos caras del mal, la cara nazi y la estalinista, que a pesar de sus diferencias albergan la misma esencia. En este sentido,
Semprún explica en múltiples ocasiones que la explanada de Buchenwald, donde
tantas veces sufrió el frío y el calor mientras se pasaban las interminables listas,
es testigo ideal del pasado contra el que se funda la Unión Europea. Y alerta
de que Europa nunca debe olvidar que se erige contra todo lo que Buchenwald
representa:

> Le jour où les Européens se souviendront des récits de Kolyma de Varlam Chalamov,
> en même temps que de Primo Levi ou Imre Kerstész, ce jour-là nous aurons vraiment

retrouvé la mémoire européenne. Ce jour-là nous pourrons regarder ensemble notre avenir (2005 :200).

A modo de conclusión, cabe señalar que Buchenwald es una vivencia que influye de manera decisiva en la vida de Jorge Semprún, cambiando incluso su propio ser, hasta el punto de llegar a afirmar en referencia a su identidad que, más que español o francés, como realmente se sentía era como un deportado de Buchenwald. El paso por el campo de concentración no solo le imposibilita, en un primer momento, la escritura, por resultar paralizante y traumático mantenerse en ese recuerdo, sino que también después, cuando consigue romper el silencio, es una memoria que lo invade todo.

En *Adiós, luz de veranos...* (1998), obra relativa a su experiencia del exilio, es decir, anterior a Buchenwald, confiesa la dicha que halla en la posibilidad que, por fin, se le presenta de abordar una época de su vida que, si bien también es compleja y está marcada por el trauma del desarraigo, no se ve invadida por la memoria mortífera y absorbente de la deportación. Tras la primera toma de palabra con la publicación de *El largo viaje* (1963), toda su producción literaria, incluso la de ficción, y la que se relaciona con esa época, se ve, de alguna manera, asediada por esos recuerdos, "imantada por aquel sol árido, rojizo como la llama del crematorio" (1998: 88). Semprún, como profesional de la escritura, se muestra frustrado por las dificultades a las que se enfrenta para sobreponerse; de hecho, llega a perder el control de sus personajes los cuales, a pesar de sus esfuerzos novelescos, siempre cargan de alguna manera con el peso de Buchenwald. Esa condición de eterno superviviente que debe arrastrar con nobleza y gravedad es en el terreno literario como un lastre que limita su libertad:

> No quería verme constreñido a vivir indefinidamente en esa memoria, de esa memoria: de los tesoros y pesadumbres de esa memoria. Me irritaban los obstáculos que ésta interponía ante mi imaginación novelesca. Una vida demasiado azarosa, demasiado cargada de sentido, me ha obstaculizado a veces los caminos de la invención, me ha devuelto a mí mismo, cuando yo pretendía inventar al otro, aventurarme en el inmenso territorio de ser el otro, de ser en otro lugar (1998: 89).

Es en este sentido que expresa su gozo ante una novela como *Adiós, luz de veranos...* (1998), pues lo transporta a una época anterior al campo y, por tanto, a un Semprún original que todavía no ha sido invadido y transformado por la memoria de Buchenwald:

> Aun si el azar o la suerte me hubieran evitado caer en la trampa de la Gestapo en Joigny (…), aun si mi maestro Maurice Halbwachs no hubiera agonizado en mis brazos, en el barracón 56 de Buchenwald, habría sido aquel muchacho de quince años que descubría

el deslumbrante infortunio de la vida y también sus inconcebibles alegrías, en París, entre las dos guerras de su adolescencia (1998: 90).

Es a causa de este impacto traumático que dicta toda su vida posterior que las cuestiones relativas a su nacionalidad española o francesa, que tanto interesan a los críticos y curiosos, se vuelven insignificantes en cierta medida para él. No existe ninguna tierra, ni natal ni adquirida, que tenga tanta repercusión vital en su identidad como Buchenwald. Semprún se reivindica como un eterno deportado de Buchenwald porque ahí se encuentra el dolor del trauma que nunca lo abandona, pero también el orgullo de haber arriesgado su vida por la lucha contra el Mal Radical: "He sido libre para ir a donde tenía que ir, y era preciso que yo fuera en este tren... Era libre para ir en este tren, completamente libre, y aproveché mi libertad. Ya estoy en este tren. Estoy en él libremente, pues hubiera podido no estar" (Semprún, 1976: 25)

Canto de otoño

El título de la obra *Adiós, luz de veranos...* (1998) de Jorge Semprún hace alusión al segundo verso del poema "Canto de otoño" de Charles Baudelaire, presente en la obra *Las flores del mal* (1857).

La utilización de los versos de Baudelaire actúa en dos niveles simultáneos.

En relación con la cronología que rememora la novela, el verano del que se despide se corresponde, exteriormente, con las últimas vacaciones familiares pasadas en Lekeitio antes del estallido de la guerra civil e, interiormente, con la infancia, en tanto época de la inocencia. Se observa que los sentimientos de amargura, de pérdida, característicos de la poesía de Baudelaire están presentes en las primeras semanas de exilio. Sin embargo, ese primer estadio es superado por su deseo de tomar las riendas de su nueva situación, apropiándose de la lengua francesa, explorando los rincones de París y preservando interiormente su condición de extranjero. Ese primer frío glacial del exilio, en tanto ruptura del idilio, del Ideal, viene precedido por otro de mayor calado todavía, esto es, la experiencia del campo de concentración de Buchenwald:

> Entre todos los relatos posibles, entre todas las posibilidades de escritura novelesca que se me presentaban estos últimos tiempos, según la misteriosa fluctuación de un deseo, he elegido ésta, *Adiós, luz de veranos...* (el título, tan pronto me puse a trabajar sobre la nebulosa narrativa en gestación, se me impuso de inmediato, cosa que tampoco es habitual en mí), por el simple motivo de que atañía a una vida anterior a la experiencia de Buchenwald (Semprún, 1998: 87-88).

Como el propio autor señala, a pesar de que el exilio es vivido como una experiencia traumática, sobre todo porque va acompañado de la separación familiar y de la derrota del bando republicano, el encuentro con la literatura francesa, unido a su afán de dominar la lengua para encauzar su situación, le permiten sobrellevar esa etapa. Sin embargo, no podrá hablar de la existencia de ese tipo de "felicidad inmerecida" (1998: 198) cuando aborde los años en Buchenwald. En este sentido, la escritura de su estancia en París es también la rememoración de los últimos momentos de felicidad posible, antes del crudo invierno que representó el campo de concentración.

Por otro lado, en relación con la cronología en la que se compone la novela, la escritura viene dictada por la llegada de los últimos años de vida; por esa sensación de haber superado y experimentado incansablemente gran parte de su recorrido vital y ver cada vez más cerca el final.

Celan, Paul

Paul Celan (1920-1970) es un poeta en lengua alemana nacido en Rumanía de origen judío. Tras la invasión alemana de Rumanía en 1942, toda la familia es deportada a los campos nazis. Sus padres son enviados al campo de concentración de Janowska, donde su padre morirá de fiebre tifoidea y su madre de un disparo en la nuca por un soldado alemán. En su caso, es dirigido a un campo de trabajo de Moldavia por lo que consigue sobrevivir. Tras la derrota de Hitler y la liberación de los campos, llega la ocupación rusa, por lo que huye a Bucarest y después a Viena hasta instalarse definitivamente en París en 1948, donde obtiene la nacionalidad francesa y se dedica a la enseñanza de la lengua alemana en la Escuela Superior de París.

En 1952, aparece su primer poemario, *Amapola y memoria*, en el que se encuentra su célebre "Fuga de la muerte", escrito en 1947, descripción del campo de Auschwitz-Birkenau. A pesar de que la frase de Adorno en la que tacha de barbarie la posibilidad de seguir escribiendo poesía después de Auschwitz es ampliamente conocida y ha pasado a la historia, ha pasado más desapercibido el hecho de que se desdijera años después a causa justamente del descubrimiento de la obra de "Fuga de la muerte" de Paul Celan, afirmando: "la perpetuación del sufrimiento tiene tanto derecho a expresarse como el torturado a gritar; tal vez por eso haya sido falso decir que, después de Auschwitz, ya no es posible escribir poemas" (1975: 363).

Posteriormente, Celan publica diversas obras entre las que destaca *De umbral en umbral* (1955), *Rejas de lenguaje* (1959), *Cambio de aliento* (1967) o *Finca del tiempo* (1976), esta última publicada póstumamente.

El 20 de abril de 1970 decide poner fin a su vida arrojándose al Sena desde el puente Mirabeau.

Para hablar de la relación entre Jorge Semprún y Paul Celan, es necesario situarse en el año 1992, concretamente en el momento en que Peter Merseburger se pone en contacto con Semprún para pedirle que participe en un programa de televisión sobre Weimar como testigo entrevistado. Su primera reacción es la de rechazar la propuesta, pues no había vuelto a Buchenwald desde la liberación y, como él mismo señala en *Aquel domingo* (1981), su postura era contraria a la de convertir el campo en un monumento para conservar el recuerdo de lo sucedido. Para él, lo ideal sería abandonar el campo a la lenta acción de la naturaleza: "abandonar el campo a la lenta labor de la naturaleza, del bosque, de las raíces, de la lluvia, de la impetuosa erosión de las estaciones. Un día, se descubrirían las edificaciones del antiguo campo invadidas por el irresistible incremento de los árboles" (1981: 37). Este primer deseo de ver cómo el recuerdo del mal es engullido por una naturaleza salvaje que no discrimina, coincide con esa primera etapa de amnesia voluntaria en la que rechaza su condición de superviviente para dejar atrás el horror de lo vivido y enfocarse en la acción política. Sin embargo, con la superación de esa parálisis inicial que le permite por fin volver a la escritura y con la reunificación de Alemania que modifica radicalmente el escenario, cambia de idea y acepta volver a Buchenwald. La vuelta al campo, "una vida más tarde, varias vidas y varias muertes más tarde" (2006: 152), desata toda una serie de emociones y de recuerdos que le hacen revisitar toda su vida de un golpe, con sus luces y sus sombras. Y en esa invasión retrospectiva aparece un verso crucial de Paul Celan que él mismo cita: "la muerte es un maestro de Alemania" (2006: 153). Este verso, a pesar de ser absolutamente cierto en las circunstancias que representa, no da cuenta de la amplitud de la existencia del Mal a lo largo de la historia. Semprún reflexiona e indica que, si bien para muchos judíos efectivamente la muerte era un maestro alemán, para los republicanos era un maestro español, para los judíos franceses perseguidos por el Gobierno de Vichy era francés y, para los rusos como Varlam Chalamov era un maestro de la Rusia soviética, por lo tanto, "todos hemos conocido la muerte que late en las entrañas de la bestia totalitaria con otras máscaras, vestida con los oropeles de otros orígenes nacionales" (2006: 153). Por lo tanto, propone superar esa particularidad de su nacionalidad e ir a su aspecto más universal modificando el verso de Paul Celan y afirmando que "es la muerte un maestro de la humanidad" (2006: 153). De esta manera, la sentencia propone el mal como uno de los posibles proyectos del ser humano, como una elección vital que le niega el amparo de excusas de origen místico o animal. El mal, como el bien, está dentro de las posibilidades vitales de cada persona. Cabe señalar que, cuando Semprún realiza este primer viaje de retorno a Buchenwald en 1992 se encuentra escribiendo su obra *La escritura o la vida*, por lo que es esta reflexión sobre el verso de Paul Celan la que probablemente origina la tesis que defenderá después en ese testimonio sobre el Mal Radical como esencia de los campos de concentración. De hecho, en esa obra vuelve sobre la figura del poeta haciendo referencia a su conversación con Martin Heidegger en la que Celan intenta, sin éxito, arrancarle una explicación clara y personal sobre el exterminio judío en los campos nazis; pero solo consigue un silencio como respuesta. Semprún saca a relucir que Celan no buscaba una reflexión racional del filósofo, no apela a su intelecto, sino que se dirige a su interior, precisa una respuesta sincera, que nazca desnuda, directamente del corazón, sin excusas, despojada de argumentos que la disfracen:

> La esperanza de una palabra del pensar que salga del corazón (...) Paul Celan se dirigió al corazón del filósofo. Una palabra del corazón, en suma, a propósito de lo no dicho de esta conversación. De lo no dicho heideggeriano por excelencia: lo no dicho de la culpabilidad alemana (1995: 309).

Semprún observa en ese silencio de Heidegger la pérdida de toda esperanza en Celan. La negativa a una asunción sincera de la culpa le despoja de cualquier esperanza en la humanidad: "ninguna palabra del corazón del pensador surgió para colmar este silencio. Paul Celan se echó al Sena, poco después: ninguna palabra del corazón lo había retenido" (1995: 310).

Junto a este intercambio fallido y a la precisión del origen del mal, Semprún reivindica la gran aportación que el poeta dejó a la lengua alemana al elegirla como lengua de escritura. La apropiación que los nazis habían llevado a cabo al convertirla en "lengua de mando y de ladrido S.S." (1995: 310), lengua por la que se vehiculaba el Mal Radical, queda restaurada y devuelta a lo que había sido en el pasado, "lengua de subversión, por lo tanto de afirmación universal de la razón crítica" (1995: 310). Al escoger el alemán como lengua de creación, como patria, pues cabe recordar que Celan es de origen rumano, niega a los nazis la posibilidad de secuestrar la lengua y de convertirla en una lengua nazi. El poeta devuelve al idioma su universalidad y lo libera del peso de la barbarie:

> Pero al escribir ese verso, y todos los demás versos de la inolvidable "Todesfuge", al escribirlo en alemán, Celan, poeta judío rumano, otorga a la lengua alemana, merced a esa capacidad de nombrar la muerte, de identificarla, y por tanto de rebasarla, la posibilidad de sobrevivir a la barbarie que el nazismo pretendió imponer a todo lenguaje humano.

> Al nombrar, en alemán, el dominio en Alemania de la Muerte, Celan permite a la lengua alemana sobrevivir al silencio cataclísmico del nazismo (2006: 242).

Asimismo, a través de los versos en los que indica la singularidad de la barbarie nazi, que es el haber creado cadáveres en el aire, "cavamos una tumba en los aires donde no se está estrecho" (2006:154), Semprún acepta finalmente la conversión del campo de Buchenwald en un espacio de memoria. A diferencia de otros países que cuentan con los cadáveres de las víctimas de sus totalitarismos, Alemania solo dispone del recuerdo, de los testimonios de los supervivientes que poco a poco van desapareciendo con el paso de los años. Necesita hacer un esfuerzo simbólico para que no se pierda la memoria del horror:

> De los muertos del campo nazi de Buchenwald sólo nos queda el recuerdo: han ascendido como humo en el aire, su tumba está en las nubes, en efecto: allí están, en la inmensidad de la memoria histórica, constantemente amenazada por un olvido inadmisible, dispuesta, sin embargo, cuando fuera necesario, al perdón de la reconciliación (2006: 155).

Chico de Semur

El chico de Semur es un personaje principal de la novela *El largo viaje* (1963) que acompaña a Jorge Semprún durante su trayecto en el tren que lo conduce al campo de concentración de Buchenwald. En este viaje, que se prolonga del 25 al 29 de enero de 1944, lleno de cuerpos hacinados, nerviosos, que claman y luchan por tener aire, comida o agua, y que se ven obligados a realizar sus necesidades básicas en el diminuto espacio que comparten, destacan las voces de estos dos jóvenes, ambos resistentes antifascistas, que comparten sus experiencias y reflexiones, intercambian fragmentos de obras literarias, en suma, buscan la evasión. La muerte de este chico, a pesar de ser una muerte anunciada desde el inicio de la novela, es uno de los pasajes que provocan más emoción y aflicción.

El descubrimiento de que el chico de Semur es una invención del autor produce una gran conmoción en los lectores, llegando en ocasiones a la ira. Sin embargo, la incorporación de este personaje en la novela es esencial para suplir las carencias de la realidad. Este artificio incluido en la historia permite al autor introducir el diálogo y la interacción en una experiencia que fue solitaria y muda. Dicha interacción es indispensable para llegar al lector, y prueba de ello son las reacciones desatadas, así como para favorecer el tratamiento de diversos temas que escapan al hermetismo del tren y para singularizar a esos dos sujetos entre el resto de deportados inertes y amontonados que van en el mismo vagón. En *La escritura o la vida*, el propio autor se justifica de la siguiente manera:

> Inventé al chico de Semur para hacerme compañía, cuando rehíce este viaje en la realidad soñada de la escritura. Sin duda para ahorrarme aquella soledad que había sido la mía, durante el viaje real de Compiègne a Buchenwald. Inventé al chico de Semur,

inventé nuestras conversaciones: la realidad suele precisar de la invención para tornarse verdadera. Es decir, verosímil. Para ganarse la convicción, la emoción del lector (Semprún, 1995: 280).

Se han hecho diversas hipótesis sobre el motivo por el que el escritor decide matar a este personaje antes de la segunda parte de la novela, es decir, antes de la llegada al campo de Buchenwald. Algunos autores como Domitille Lee (2008) concluyen que se debe a que busca establecer un límite en el empleo del artificio, como si la ficción no tuviera derecho a atravesar las puertas del campo de concentración. No obstante, esta teoría no parece consecuente con la defensa de Semprún sobre el uso de la ficción literaria para facilitar la comprensión de la experiencia concentracionaria. También en sus novelas relativas a lo sucedido dentro del campo, se vale de varios recursos estilísticos para su narración. En este sentido, parece más probable que la muerte del chico de Semur obedezca a la finalización del objetivo por el que se había creado, esto es, para permitir el diálogo y la reflexión entre los dos personajes y para salvar al lector del tedio de una experiencia solitaria y silenciosa como había sido la suya. Una vez terminado el trayecto del tren, este personaje artificial ya ha cumplido su misión y su muerte es mucho más valiosa para el lector que una continuidad forzada e insustancial dentro del campo.

Compañeros, figuras paternas y tutores en el exilio

Jean-Marie Soutou (Brujas, 1912 – París, 2003), colaborador de la revista Esprit en 1936, es una figura clave para la familia Semprún durante el periodo del exilio, pues se encarga de ayudarlos a cruzar la frontera y los acoge en su casa en Lestelle-Bétharram. En las memorias publicadas póstumamente por su hijo, Soutou recuerda su encuentro con José María Semprún:

> Al comienzo de la Guerra Civil española conocí al corresponsal español de *Esprit*, José María de Semprún y Gurrea, que estaba de vacaciones en la pequeña localidad vasca de Lekeitio... Yo había ido a ayudarlos a organizar su huida a Francia... Como hacía mucho senderismo y solía pasar mis vacaciones en territorio español en compañía de montañeses y pastores españoles, conocía perfectamente la región... También conocía la situación que vivía España [...] En julio de 1936 no tuve las dudas de Bernanos o del mismo Mounier, y dije: "¡Hay que estar con la República, no podemos aceptar el golpe de Estado!" (Soutou, 2011: 15).

Lo cierto es que pasaría a formar oficialmente parte de la familia, pues en 1942, se casa con Maribel Semprún, una de las hermanas.

Soutou aparece en la obra de Jorge Semprún como una figura muy importante en su etapa en el exilio. Parece cumplir el papel de hermano mayor, especie de héroe al que admirar, como atestigua la dedicatoria de su libro *Adiós, luz de verano...* (1998): "Jean-Marie Soutou, por su amistad, vigilante y fraterna, de toda una vida". Su aportación fue esencial para el autor, ya que fue quien le llevó a descubrir obras que marcarán su vida como *Las flores del mal* (1857) de Charles Baudelaire o *La esperanza* (1937) de André Malraux.

Armand J., interno del liceo Henry IV que preparaba el ingreso a la École Normale, con quien Jorge Semprún comparte interesantes conversaciones sobre arte y política. Armand J. es quien le presta obras indispensables para su formación intelectual e ideológica, como *La esperanza* (1937) y *La condición humana* (1933) de Malraux, *La sangre negra* (1935) de Louis Guilloux, *La conspiración* (1938) de Paul Nizan, o *El muro* (1939) y *La náusea* (1938) de Jean-Paul Sartre. En varias ocasiones, Semprún comenta las dificultades que vive durante su estancia en Francia para comprar libros debido a su situación económica. En este sentido, aquellos compañeros que le proporcionan diversas lecturas poseen un lugar destacado en sus recuerdos.

Édouard-Auguste F., hombre de negocios e intelectual, que forma parte del círculo de la revista Esprit y coincide con Jorge Semprún en Jouy-en-Josas, durante un congreso del movimiento personalista. Entre sus hazañas, Semprún destaca que junto a una organización humanitaria recorre la Unión Soviética ofreciendo ayuda tras la guerra, su calidad de políglota y de insaciable viajero. En su papel de liberal altruista aloja al autor en su piso en la calle Blaise-Desgoffe y se encarga del coste de su educación hasta que finaliza el sexto curso de bachillerato, cuando lo obliga a independizarse por ser contrario a los yugos excesivamente protectores. En su biblioteca descubre la obra *La edad del hombre* (1939) de Michel Leiris.

Concepción Bahamonde, número cinco

En la calle Concepción Bahamonde, número cinco, de Madrid, se encuentra la residencia de Manuel Azaustre, resistente republicano, deportado del campo de concentración de Mauthausen y colaborador del Partido Comunista Español.

Manuel Azaustre y su mujer, María, que habían conseguido volver a España legalmente, colaboraban con el PCE ofreciendo alojamiento clandestino a sus integrantes. Es justamente esta residencia la primera casa que el partido pone a disposición de Jorge Semprún a inicios de 1959. La casualidad de deber esconderse en el hogar de un antiguo deportado de un campo de concentración, el cual desconoce la verdadera identidad de su inquilino y, por tanto, que han compartido la misma experiencia, es fundamental en su carrera literaria.

Algunas noches, tras la cena, Semprún escuchaba los relatos del anfitrión sobre su pasado como soldado del Ejército republicano, sobre el encierro en la fortaleza de Collioure y, sobre todo, sobre la época en el campo de Mauthausen. La narración de Azaustre, desordenada y caótica, impiden al autor reconocer su experiencia y desencadenan una reflexión que le permitirá romper, por fin, el bloque que hasta ese momento le había impedido transmitir narrativamente su vivencia. Son varias las ocasiones en las que había intentado escribir, pero terminaba abandonando su proyecto a causa de la dificultad de permanecer en la memoria del horror y de la incapacidad para encontrar un estilo apropiado, capaz de ofrecer una historia transmisible. Escuchando a Azaustre se aviva su memoria y sus recuerdos actúan como un detonante que, en el plano personal, hace emerger toda su experiencia reprimida y, en el plano literario, le otorga una visión clara sobre cómo debe emprenderse este proyecto narrativo. A principios de 1960, a causa de diversas detenciones a compañeros comunistas que le impiden salir de la casa por su seguridad, se encierra en la calle Concepción Bahamonde y comienza a escribir el que será su primer éxito, *El largo viaje* (1963). El autor se refiere a la creación de esta primera novela como si él hubiera sido casi un sujeto pasivo, parece que es la novela misma la que se apodera de su memoria y lo sumerge en un proceso de escritura casi febril:

> Sin pensarlo demasiado, sin proponérmelo deliberadamente – o sea, sin haberme parado a decirme: voy a escribir un libro – me puse a escribir "El largo viaje" (…) Y tal vez sería más exacto decir que aquel libro se fue escribiendo por su cuenta y riesgo, como si yo sólo hubiese sido el instrumento, el trujimán, de ese trabajo anónimo de la memoria, de la escritura. De hecho, el libro se me impuso con su estructura temporal y narrativa ya totalmente elaborada, sin duda, pienso ahora, elaborada inconscientemente a lo largo de las largas horas transcurridas oyendo los inconexos y reiterativos relatos de Mauthausen de Manolo Azaustre (1987: 244-245).

Posteriormente, las actividades del partido impedirán su finalización y habrá de continuar poco a poco a lo largo de los años hasta que se publique en 1963; sin embargo, lo importante es que había nacido el germen de lo que sería una intensa carrera literaria gracias al azar que lo lleva a compartir techo con los recuerdos de Manuel Azaustre.

Conciencia del error

En su obra *La rebelión de las masas* (1929), Ortega y Gasset aborda el tema de la historia, en el sentido de la necesidad y del deber ineludible que tiene el ser humano de recordar. El filósofo denuncia la ignorancia histórica de la sociedad y alerta de la imposibilidad de hacer tabla rasa con el pasado, pues el ser humano

parte siempre de cierto pretérito. En este sentido, la conciencia del error constituye su bien más preciado, al tratarse del elemento que lo distingue del animal y
le garantiza el progreso: "El hombre, en cambio, merced a su poder de recordar,
acumula su propio pasado, lo posee y lo aprovecha (…) El verdadero tesoro del
hombre es el tesoro de sus errores, la larga experiencia vital decantada gota a gota
en milenios" (Ortega y Gasset, 2009: 69).

A pesar de que Jorge Semprún no ha mencionado directamente las tesis
desarrolladas en *La rebelión de las masas*, estas se encuentran presentes en los
motivos que lo llevan a escribir y a pronunciar conferencias contando sus experiencias. Los sucesos históricos como la guerra civil española, la Resistencia, la
Segunda Guerra Mundial o los campos de concentración, que tuvieron lugar en
el siglo XX, precisan ser contados y recordados para evitar su repetición en nuevos contextos. Los relatos de los testigos poseen un valor histórico esencial para
el futuro de las sociedades. Autores, como Jorge Semprún, se sienten llamados
por este deber de memoria y escriben motivados por esa conciencia del error:

> ¿De qué quería que nos diéramos cuenta?
>
> Habría tenido dificultades para precisarlo, desde luego. Quería decir: "¿Os dais cuenta,
> qué vida ésta? ¿Os dais cuenta, qué mundo éste?". Sí que me doy cuenta. No hago otra
> cosa, darme cuenta y dar cuenta de ello. Eso es lo que deseo (Semprún, 1976: 57).

Darío, Rubén

Féliz Rubén García Sarmiento, conocido como Rubén Darío (1867-1916), es un
poeta de origen nicaragüense considerado como el padre del Modernismo literario en lengua española, gracias a su obra *Azul* (1888).

Se trata de un autor muy precoz y prolífico, pues con tan solo 14 años comienza
su andadura en el mundo periodístico y, con 15, se adentra en el ámbito de la
poesía bajo el auspicio del poeta Joaquín Méndez Bonet. Tras varios años trabajando en diversos periódicos y revistas, en 1887, publica su primera colección
de poemas titulada *Abrojos*, si bien su primer éxito llega al año siguiente con la
publicación de *Azul*. Además de un gran recorrido personal y profesional por
diferentes países hispanoamericanos, Rubén Darío también viajará por Europa.
El caso de España es muy relevante, pues entabla relaciones con los jóvenes poetas que en esos momentos defienden y representan el Modernismo, como es el
caso de Juan Ramón Jiménez, Jacinto Benavente o Antonio Machado. De hecho,
su gran obra *Cantos de vida y esperanza, los cisnes y otros poemas* (1905) es edi-
tada por Juan Ramón Jiménez.

Rubén Darío es evocado en varias ocasiones a lo largo de las obras de Semprún, por ser el poeta preferido de su padre, José María Semprún Gurrea. La llegada a su poesía es para Semprún un acceso marcado por la oralidad. A pesar de que no se encontrará con un ejemplar escrito de sus poemas hasta el año 1967 en La Habana, conoce de memoria una gran parte de sus versos puesto que su padre suele recitárselos en múltiples ocasiones a la familia y seres queridos.

Curiosamente, es en la etapa solitaria del exilio, desposeído de la madre patria y alejado de la figura paterna, que un verso del poeta predilecto de su padre viene a su memoria, plasmando a la perfección su estado. Ante la noticia de la caída de Madrid a manos del bando nacional, nos encontramos a un Semprún perdido, confundido entre la multitud indiferente, recitando para sí

"¿No oyes caer las gotas de mi melancolía?".

Por una vez, pese al énfasis, en otras ocasiones insoportable, o irrisorio, de la poesía de Rubén, me veía reflejado en ella. Veía fielmente expresado el malestar que me tenía paralizado. Del cielo gris de París, del exilio, del desamparo, caían realmente las lágrimas de lluvia de mi melancolía (Semprún, 1998: 74).

Se trata de un verso del soneto "Melancolía", publicado en 1905 en *Cantos de vida y Esperanza,* en el que Rubén Darío ruega a su amigo Bolívar que le ofrezca una salida para superar el estado de tristeza en el que se encuentra. Semprún, como Darío, coincide en la sensación de amargura, de carecer de vista y de cordura, en medio de un mundo sentido como hostil.

Escritura o vida

La logística de los campos de concentración nazi está orientada a la total deshumanización de los prisioneros: el traslado en vagones de ganado, la usurpación de la identidad por un número tatuado, la separación de las familias, la degradación física, los constantes abusos o la convivencia continua con los cadáveres de los compañeros son prácticas que desintegran los límites y la unidad psíquica del sujeto. En la mayor parte de las ocasiones, el deportado se transforma en un autómata enajenado para quien la muerte no es más que un evento banal que ha perdido la capacidad de producirle asombro. A causa de ello, tras la liberación de los campos, son muchos los deportados que se plantean si, a pesar de estar vivos, realmente han sobrevivido, si existe algo dentro de ese cuerpo convertido en despojo, en definitiva, si es posible salir con vida de un campo de concentración.

En sus obras sobre esta vivencia, Semprún confiesa su incapacidad para afirmar haber superado la muerte, pues más bien, ha sido atravesado por ella y, por tanto, su identidad actual es la de lo que denomina un "aparecido". En este contexto, su nueva identidad lo sitúa en la tesitura de decidir si es posible contar lo sucedido, si existe la posibilidad de narrar su experiencia y aun así superarla. El inconveniente que plantea la escritura es que supone no solo revivir los campos, sino continuar en la memoria del horror; por lo que debe elegir entre la escritura o la vida, es decir, entre olvidar y decantarse por la vida o escribir y seguir encerrado en el campo de concentración:

> Escribir me mantiene en la memoria de la muerte, que para escribir tengo que estar todo el tiempo recapacitando, volviendo a sumergirme en aquella memoria. Y darme cuenta de que eso era mortal, literalmente mortífero, tú no sales vivo de esta, de este vivir en esa memoria. La única forma de salir de eso es olvidarte, aunque sea provisionalmente (Vilanova, 2006: 111-112).

Sin embargo, privilegiar la vida no significa dar la espalda a la historia, ni fingir que no ha pasado nada. Al contrario, se trata de encaminar su destino a seguir luchando para evitar la repetición de este tipo de sucesos y, en este sentido, la posibilidad de trabajar para la lucha antifranquista como agente clandestino le permite salir de esa memoria mortífera, sin dejar de lado sus convicciones. Así pues, el título de su novela, *La escritura o la vida*, pretende ilustrar esa dicotomía a la que hace frente tras la liberación del campo de Buchenwald y a la justificación de su silencio como estrategia adaptativa.

Español del ejército derrotado

La denominación del ejército español como el ejército derrotado tiene su origen en el poema *Après la bataille* (1859) de Victor Hugo. En esta composición dedicada a su padre, el poeta dibuja un retrato del español como un ser de naturaleza pérfida y lo liga al imaginario colectivo del moro como el "Otro", es decir, como el bárbaro peligroso. Mientras que el padre se muestra comprensivo y piadoso, el español se aprovecha de su sensibilidad para atacarle cuando está indefenso.

Son dos los recuerdos que Semprún evoca asociados a este poema en su obra *Adiós, luz de veranos…* (1998). En primer lugar, se encuentra la indignación de sus hermanas, Maribel y Susana, cuando se topan con los versos del poeta francés en un ejercicio escolar. En segundo lugar, la alusión al ejército derrotado aparece durante su primera semana de exilio en Francia, en boca de una panadera que se burla de su acento español cuando intenta comprar un bollo. Este incidente sentido de manera muy traumática por el autor es elaborado e integrado en su experiencia del destierro. En un movimiento de orgullo y resistencia, Semprún resignifica la apelación de rojos del ejército derrotado; es cierto que son españoles vencidos, pero no por Napoleón, sino por Francisco Franco, y esa condición de perdedores, de rojos españoles, es una virtud que debe conservarse interiormente para protegerla de la xenofobia y de la ignorancia:

> He tomado la decisión de eliminar cuanto antes todo vestigio de acento de mi francés; nadie volverá a llamarme "español del ejército derrotado" con sólo oírme. Para preservar mi identidad de extranjero, para convertirla en una virtud interior, secreta, fundadora y singularizante, voy a fundirme en el anonimato de una pronunciación correcta.

> Lo logré en unas semanas. Mi voluntad era demasiado firme para que se interpusiera dificultad alguna (1998: 76).

El autor se impone a su destino tomando las riendas del mismo a través de la conquista de la lengua francesa, patria del destierro, escudo protector contra la ignorancia y el odio.

Europa

Las circunstancias personales e históricas que rodean la vida de Jorge Semprún hacen que sea posible ponerlo como un gran ejemplo del intelectual europeo. Además de su perfecto manejo de idiomas como el español, francés, inglés y alemán; su participación activa en movimientos como la Resistencia contra el nazismo o la clandestinidad antifranquista; o de sus creaciones literarias repletas de vivencias y referencias que atañen a todo el conjunto del continente europeo; sus obras, entrevistas y conferencias realizadas durante sus últimos años ofrecen una reflexión explícita sobre el pasado, el presente y el futuro de Europa. En libros como *Pensar en Europa* (2006) y *El hombre europeo* (2006) recoge una serie de valiosas ideas e inquietudes sobre el porvenir del proyecto de la Unión Europea, nacido con gran ilusión tras el horror de los fascismos del siglo XX. Si bien son muchos los aspectos que trata, cabe destacar aquel que se refiere a su legado. Para Semprún, la Europa actual no puede permitirse el lujo de olvidar que es heredera de los totalitarismos. No solo no lo debe olvidar, sino que precisa construirse y reconstruirse siempre pensando en esa herencia porque es la única manera de evitar su repetición. En este sentido, en sus escritos busca expresar una reflexión que además de destacar las particularidades del nazismo, estalinismo o franquismo, también ponga en evidencia la esencia que comparten. Para ello, apela directamente al lector y le exige que no piense en ello como una excepción histórica y que comience a hacerlo como un hecho que se relaciona sustancialmente con el ser humano, con todas las posibilidades de existencia que habitan latentes en su interior en tanto sujeto individual y colectivo. En *El hombre europeo* (2006) recupera el aforismo de René Char que decía "nuestro legado no viene precedido por ningún testamento", para explicar que los europeos no han recibido ninguna hoja de ruta que poder seguir como testamento, y eso se debe a que es necesario construirla:

> No somos los rentistas de una fortuna cuyos dividendos pudiésemos percibir sin más. Porque nos corresponde a nosotros, los herederos, determinar su valor, darle o devolverle sentido, organizar su estructura normativa. Nuestra herencia europea solo tendrá un significado vital si nosotros mismos somos capaces de deducir de ella un futuro, de asumir su transmisión y su perpetuidad. Nos toca a nosotros escribir el testamento de nuestra herencia, con la sangre y las lágrimas del mundo de la vida (Semprún, 2006a: 49).

Con estas palabras, apela a la obligación moral de seguir trabajando en la construcción de un proyecto común capaz de asegurar una continuidad vital alejada de las ideas totalitarias que le habían precedido. Ahora bien, una vez admitida la necesidad de trabajo en el proyecto, plantea un nuevo interrogante clave: ¿de qué manera debe emprenderse la construcción de dicho legado? Como respuesta, Semprún hace referencia a las palabras de Jean Monnet cuando afirma que "si hoy tuviese que empezar de nuevo la construcción de Europa, lo haría comenzando por la cultura" (2006a: 111). El interés del autor por reivindicar la valía del arte se debe a su conciencia de la capacidad de este modo de expresión de contener todos los elementos esenciales para el ser humano. En una época en la que el hombre occidental ve amenazado el fuero interno de introspección y reflexión, y vive sumido en cierta anestesia y banalización del mal, retomando la teoría de Hannah Arendt, es vital sacar a relucir el valor del arte, pues solo cierta manera de poner en discurso el mal, permite contemplarlo realmente de cara, sustraerse de su banalidad y abrirse a la libertad. Asimismo, la idea de comenzar la construcción de Europa por el arte entronca con el concepto de "la forma espiritual de Europa". En varios discursos y pasajes, Semprún se refiere al discurso pronunciado por Husserl en Viena en 1935 para reflexionar sobre el sentido de Europa. Entre los diferentes puntos desarrollados por el filósofo, se detiene en aquel que trata el tema de sus fronteras, las cuales precisan huir de límites reductores como la geografía, apelando así al carácter cambiante y evolucionador del continente, y profundiza en la identificación de Europa como "unidad de vida, unidad de una sola figura espiritual", rasgo que permitiría asegurar la diversidad cultural de esta agrupación de países unida por la defensa común de los valores democráticos. Estas teorías de Husserl que fueron expuestas antes de que comenzara la Segunda Guerra Mundial, por lo que nacían como alerta y no como reconstrucción posterior, llevaban al concepto de una supranacionalidad europea que no reposara en una mera coexistencia de fuerzas en eterna tensión comercial y política, sino que buscaran lo que llama "la forma espiritual de Europa". La vigencia de las ideas de Husserl reposa en la importancia de conservar un pacto que, tras la vergüenza de lo sucedido en Múnich, no hable de conformismo, sino de "una paz vigilante basada en la defensa de los valores democráticos, en la instransigente oposición al totalitarismo" (2006a: 100). Y es mirando al arte, espacio en el que residen los testimonios de la memoria europea, donde, según Semprún, debe erigirse la construcción espiritual de Europa:

> Las violencias, las miserias y las masacres de la guerra de los Treinta Años permanecen en nuestro recuerdo gracias a los grabados de Jacques Callot. Los de la guerra napoleónica en España aparecen expuestos y denunciados por siempre jamás en los grabados de Goya. El Guernica de Pablo Picasso evoca la destrucción de la ciudad santa de las libertades vascas y, más allá de esta verdad histórica concreta, simboliza la masacre de inocentes bajo la lluvia de hierro y fuego de las guerras actuales (…) las obras de Zoran Music (…) darán testimonio en los siglos venideros de los monstruos, de los miedos pánicos recurrentes de los que Europa trata de escapar gracias al proyecto de construirse a sí misma como un espacio histórico pacificado (2006: 98).

En esta reivindicación artística, Semprún conjuga el valor del arte en tanto catarsis y expiación junto con su valor de testimonio. Se trata de la importancia del arte como huella del pasado, pero también como hoja de ruta de lo que Europa quiere y no quiere volver a ser.

Exilio

La práctica del exilio figura entre una de las más antiguas de la historia de la humanidad. Son muchos los motivos por los que un individuo se ve obligado a exiliarse – la guerra, la economía, la política, las creencias – pero siempre el factor común es el sentimiento de dolor y desarraigo que conlleva. El sujeto exiliado arrastra con él una escisión interior que fragmenta su vida en un antes y un después ineludible. Su vida oscila entre la imposibilidad de volver a un territorio al que ya no pertenece y la dificultad de integrarse en el país de acogida en el que se siente un extranjero, un extraño. En este sentido, Arrieta indica que "el exilio como destino es la materialización de un fracaso y la tierra de acogida es lugar de desarraigo y dolor" (2013: 165). Y en esta nueva coyuntura existencial, el sujeto debe lidiar con todo lo que comporta su nueva identidad; necesita encontrar un equilibrio entre lo que deja atrás, lo que sigue residiendo en él y lo que comienza a surgir. En muchas ocasiones, al exiliado le resulta imposible recuperar el sentimiento de pertenencia y se convierte en un eterno errante, caracterizado por la búsqueda constante de pilares en los que sustentarse. Sin embargo, existe también la posibilidad de dotar de una nueva significación a la experiencia y encontrar una manera de elaborar y superar el trauma.

En España, la guerra civil provocó uno de los mayores éxodos de población de la historia, pues se calcula que casi medio millón de personas tuvieron que huir a causa del golpe de estado que terminó con la instauración de la dictadura franquista.

En el caso de Jorge Semprún, su exilio propiamente dicho comienza en el momento en el que, gracias a la ayuda del grupo Esprit, él y su familia salen de España. No obstante, en sus novelas, el autor habla del abandono del piso familiar en la calle Alfonso XI para pasar las vacaciones en Lekeitio durante el mes de julio de 1936, como una cesura que marca un antes y un después en su vida. A pesar de que en ese momento desconocían que se tratara de un viaje sin retorno, posee una gran fuerza simbólica para el autor. Con el conocimiento del estallido de la guerra, la familia comienza una compleja andadura de huida que los llevará por diferentes puntos de Europa. Hacen una primera parada en Bayona donde Jean-Marie Soutou los acoge; siguen hacia Ferney-Voltaire donde los estaba esperando el periodista Gouverneur Paulding, de origen estadounidense; después llegan a Ginebra, donde residen unos meses; a finales de 1936, José María Semprún consigue un puesto en la embajada de la República española en La Haya y toda la familia se traslada con él; finalmente, los hermanos se dispersan en diferentes localizaciones y Jorge Semprún se instala en París.

Si bien el exilio es una constante en el universo literario sempruniano, es en *Adiós, luz de veranos...* (1998) donde el autor aborda esta experiencia como trama principal. En esta novela, el autor reconstruye su vivencia, narra su entrada en el mundo adulto, reflexiona sobre su identidad y sobre los sucesos históricos que se produjeron en aquella época, revive su proceso de apropiación de la lengua francesa, el descubrimiento de la ciudad de París y las lecturas que fueron decisivas en su formación intelectual.

Fraternidad

La fraternidad es un término recurrente en el universo sempruniano, en tanto elemento de sustento y consuelo en situaciones caracterizadas por la deshumanización, la tortura o el peligro.

Durante las vivencias de la tortura o el campo de concentración, la fraternidad permite a los deportados conservar un reducto de individualidad y de elección frente a las técnicas de aniquilación perpetradas por los nazis. Guardar silencio a pesar del dolor físico para no delatar a los compañeros, compartir el último mendrugo de pan, falsificar documentos o recitarle un poema a modo de oración a aquel que se encuentra al final de sus fuerzas son algunos de los ejemplos narrados en sus obras. Esta resistencia de la fraternidad es la que le permite sentirse en el mundo y realizar su compromiso con la historicidad. Se trata de lo que queda en aquellos deportados que habían conseguido conservar su propia mirada; una mirada fraterna, nacida de la compartición de la muerte; es el legado que el campo les había dejado.

Asimismo, durante la época de la clandestinidad antifranquista en España, su seguridad y la de los otros agentes depende de los lazos fraternos que se van creando gracias al compromiso, la discreción y la solidaridad.

Entre los diferentes símbolos de la fraternidad que aparecen en sus obras, destaca el de los cigarrillos machorka. A pesar de que son pocas las palabras de origen ruso presentes en sus testimonios, el término machorka, con el que se designaba a los cigarrillos que los deportados compartían en el campo de concentración ocupa un lugar especial. En *Aquel domingo* (1981) se refiere a este término como la única palabra importante en ruso "porque las palabras importantes no son francesas. Ni serbocroatas, por otra parte, ni flamencas, ni noruegas. Ni siquiera rusas, a excepción de *machorka* que es una palabra considerable" (1981: 23). Este tabaco descrito como áspero era, en cierta medida, un símbolo de la fraternidad y de la ilusión de una pizca de libertad en un espacio concebido para negársela y ante el que eran conscientes de que tenían pocas posibilidades de sobrevivir: "fantasmas harapientos, apoyados unos contra otros para no caerse, tiritando bajo el sol de la primavera, compartían con gestos meticulosos y fraternos una colilla de machorka" (2012: 79).

Este tabaco compartido entre compañeros es tan importante para ellos, pues en cierta medida es un gesto de rebelión y de reivindicación de su humanidad ante el sistema nazi, que tras la liberación sigue perdurando en su memoria como una huella imborrable:

> Me lleno la boca, la garganta, los pulmones, con este humo de miel delicioso y violento. Es infinitamente mejor que el áspero sabor de la machorka, la hierba rusa. Ni siquiera es comparable. Pero ya sé ahora que conservaré toda la vida un recuerdo nostálgico de las colillas de machorka fumadas con los compañeros (2012: 102-103).

El alcance de este recuerdo se comprende mejor si se observa junto con el simbolismo que tienen las letrinas del campo, que también constituyen un espacio de privacidad y compartición entre los deportados. Amparados por la pestilencia absoluta que aleja a los oficiales de las SS, en las letrinas se comparten cigarrillos, cuerpos, soledad, recuerdos e incluso versos y canciones. Cobran el dinamismo de un zoco en el que se intercambia desde la comida hasta la esperanza. Dentro de un espacio hermético y autónomo como es el Lager, dominado por los nazis y carente de libertad, las letrinas son a su vez un subespacio que les pertenece únicamente a ellos: "Las letrinas inmundas del Campo Pequeño eran un espacio de libertad" (1995: 52).

Freiberg, Hans

Este personaje aparece junto a Semprún en un episodio de la novela *El desvanecimiento* (1967). Semprún, en su época en la Resistencia antifascista, se encuentra acompañado de Hans Freiberg, cuando visualizan a un soldado alemán, desprotegido, al que tienen perfectamente a tiro. Sin embargo, este comienza a cantar la canción española de La paloma, lo que provoca en el autor el recuerdo inmediato de la infancia y de la patria perdida, dotando de humanidad al soldado y sintiéndose incapaz, por tanto, de arrebatarle la vida. La inocencia que le otorga esa canción lleva al autor a reflexionar sobre la relación entre la culpabilidad y las circunstancias. ¿Podía recriminarse a sí mismo haber nacido alemán bajo el gobierno de Hitler y por ello encarnar el fascismo? Esta cuestión, que el autor confiesa absurda, no es capaz de evitar los sentimientos desencadenados por la canción. Tras ese momento de debilidad, los dos amigos terminarán disparando al soldado nazi que morirá en el acto.

En *La escritura o la vida* (1994), vuelve a rememorar esta historia, pero esta vez con la verdadera identidad de su compañero. Hans Freiberg en realidad nunca existió; quien le acompañaba era Julien, un joven de Borgoña que se expresaba con un lenguaje tildado de jacobino que al autor le encantaba. Como es conocido, Semprún se vale del uso del artificio literario para facilitar la comprensión de lo sucedido y para suplir las carencias de los hechos sin con ello falsearlos. Se trata de un trabajo de elaboración que vuelva la verdad verosímil, transmisible y comprensible. En este caso, la invención de Hans Freiberg, que también aparece en *El largo viaje* (1963), se debe a la necesidad de representar simbólicamente a todos los compañeros judíos que lo habían acompañado durante su vida y a la figura por antonomasia de la opresión:

> Habíamos inventado a Hans, está escrito, como la imagen de nosotros mismos, la más pura, la más cercana a nuestros sueños. Habría sido alemán porque éramos internacionalistas: en cada soldado alemán liquidado en una emboscada no apuntábamos al extranjero, sino a la esencia más mortífera y más llamativa de nuestras propias burguesías, es decir, a unas relaciones sociales que tratábamos de cambiar de nosotros mismos. Habría sido judío porque queríamos aniquilar cualquier opresión y el judío era, incluso pasivo, resignado incluso, la figura intolerable del oprimido (1995: 49-50).

Es interesante señalar que el artificio sempruniano no solo actúa como ayuda para el receptor, sino que en muchas ocasiones sirve como sustento anímico para el propio autor. En este caso, descubrimos que la invención de Hans Freiberg comienza en el momento en que Semprún intenta evadirse de la vivencia de la muerte inminente del judío encontrado entre los cadáveres amontonados tras la liberación de Buchenwald, uno de los momentos de más tensión incluidos en *La escritura o la vida* (1994).

Tras la liberación, Semprún y su compañero Albert inspeccionan el campo en busca de algún superviviente perdido. En esta búsqueda se produce un acontecimiento de gran calado para la comprensión de los campos de concentración. Entre los miles de cadáveres tiesos, contorsionados, según el autor, como figuras pintadas por el Greco, se escucha una voz, una especie de estertor final que canta agonizante una última canción fúnebre en yiddish. En este momento, el autor reflexiona sobre la pertinencia de que el yiddish sea el idioma de la muerte: "Era una lengua que forzosamente había tenido que aprender esos últimos años. En el supuesto de que no la conociera desde siempre" (1995: 43).

García Lorca, Federico

Federico García Lorca (1898-1936) es uno de los mayores poetas de la literatura española. En su obra se encuentran temas recurrentes como el amor, la frustración y el destino, siempre trágico, que enmarcan una escritura que mezcla motivos cultos con otros populares y folclóricos.

Entre sus diferentes composiciones destaca el *Poema del Cante Jondo* (1931) que muestra el universo de injusticia social y espiritual de los gitanos y que se complementa con el *Romancero gitano* (1928) en el que ya ilustraba otro aspecto de ese mismo universo: su dignidad y orgullo a pesar de su destino: "lo llamo gitano porque el gitano es lo más elevado, lo más profundo, lo más aristocrático de mi país, lo más representativo de su modo y el que guarda el ascua, la sangre y el alfabeto de la verdad andaluza y universal (García Lorca *apud* Ramoneda, 1990: 442). A partir de la publicación de *Poeta en Nueva York* (1940) se abre una nueva etapa en su escritura, en la que sale de sus espacios habituales y expresa su visión del mundo norteamericano. El poeta observa una ciudad que, a pesar de ser conocida como la cuna del progreso, está habitada por la miseria y la tristeza. Los seres humanos, enajenados, parecen desplazarse por un espacio mecanizado que destruye su humanidad y su libertad. Si en el caso de España, el mundo de los gitanos representaba la frustración y el dolor por las injusticias, en este caso serán las personas negras las que sufran las principales consecuencias: "Yo quería hacer el poema de la raza negra en Norteamérica y subrayar el dolor que tienen los negros de ser negros, en un mundo contrario: esclavos de todos los inventos del hombre blanco y de todas sus máquinas" (García Lorca *apud* Ramoneda, 1990: 444). Frente a un Harlem demonizado y tachado de criminal únicamente por el color de piel de sus habitantes, Lorca apunta directamente a Wall Street como el verdadero epicentro de la crueldad y alerta de su peligro: "Lo impresionante, por frío, por cruel, es Wall Street. Llega el oro en ríos por todas partes de la tierra y la muerte llega con él. En ningún sitio se siente como allí la ausencia de espíritu" (García Lorca *apud* Ramoneda, 1990: 445).

Dentro del universo biográfico y literario de Jorge Semprún, los versos de Federico García Lorca guardan un lugar especial, principalmente en lo que se refiere a la etapa en Buchenwald. La posibilidad de recitar un poema e, incluso, de compartirlo en un espacio como un campo de concentración puede resultar, a primera vista, inconcebible. De hecho, los debates sobre la creación de poesía después de Auschwitz siguen suscitando polémica en la actualidad. No obstante, la obra de Semprún ejemplifica todo lo contrario, pues en ella la poesía es un recurso vital para poder sobrevivir y conservar un reducto de humanidad en un sistema concebido justamente para aniquilarla.

Son muchas las escenas en las que el autor se ilustra a sí mismo rememorando algún verso de sus poetas más queridos para aislarse del frío, del hambre, del dolor o, en general, de la desintegración física y moral. Entre esos múltiples poetas que habitan sus escritos, destaca la figura de Federico García Lorca por tratarse de un artista que los deportados españoles emplean en las actividades culturales del campo. Como es conocido, Buchenwald no es uno de los denominados campos de exterminio, sino un campo de trabajo, por lo que los presos cuentan con cierto tiempo libre que ocupan en evadirse de la crudeza de las condiciones en las que viven.

En esa comunidad integrada en su mayoría por antiguos militantes sin formación intelectual, la poesía de García Lorca les ofrece la posibilidad de experimentar, de forma instintiva, la esencia del alma española, la densidad de la patria perdida. En *Viviré con su nombre, morirá con el mío* (2001), se encuentra el episodio de la recitación del poema "Canción de jinete" de Lorca por Sebastián Manglano, un deportado que había combatido en el quinto cuerpo de la armada republicana en el frente del Ebro. La elección de esta composición recogida en *Canciones* (1927) no es azarosa, pues en ella se describe a una suerte de jinete que intenta llegar vanamente a una Córdoba lejana y sola que le guarda como destino la muerte. Los deportados, como este jinete, coinciden en la vivencia "del drama elemental de la vida como un continuo caminar hacia la muerte" (de Lama, 2004: 466). Enfrentados a un destino que no pueden evitar, encaran sin embargo el viaje con firmeza y valentía. La pena visceral que recorre el poema junto con el estilo lorquiano les ofrece la catarsis que precisan para sobrellevar su situación, así como un retorno a sus orígenes

Desesperación andaluza, el miedo que inspiraba la guardia civil en las comunidades de gitanos y de campesinos sin tierra.
¡Oh pena de los gitanos!
Pena limpia y siempre sola.
¡Oh pena cauce oculto
Y madrugada remota!
Así fue como había vuelto al país, al paisaje, a la palabra de mi niñez (Semprún, 2001: 96-97).

Los personajes que pueblan las composiciones de García Lorca, más allá de sus particularidades, tienen un componente universal innegable que se vuelve expresión de cualquier ser humano en un estado de desesperación. La densidad del cante jondo caracterizada por ser "sombrío por la expresión de los hombres macerados por la persecución y la desgracia (…) Glosa la muerte, la cárcel, el amor desgraciado, la desesperación" (García Lorca *apud* Ramoneda, 1990: 439); por lo que en esos versos los deportados encuentran la expresión de su vivencia. Ese cante jondo, en esencia gitano, trasciende sus orígenes y se convierte en canto por las injusticias durante la guerra civil española, por el dolor del destierro y por la pérdida de la libertad a manos del mal sistematizado.

Junto a su obra literaria, Semprún hace varias referencias a la figura de García Lorca y reconoce su importancia y su valía como uno de los grandes artistas españoles. De hecho, durante el 50 aniversario de la edición de *Poeta en Nueva York*, Semprún, entonces ministro de Cultura, reivindicaba su obra equiparándola a *Las iluminaciones* de Arthur Rimbaud.

Asimismo, se refiere a este poeta en un artículo publicado en el diario El País el 19 de agosto de 1976. El título que lo encabeza, "Símbolo y crítica", es muy significativo pues alude, por un lado, a la frecuente utilización de la muerte del poeta como un símbolo trágico único de la guerra civil española y, por otro lado, a la necesidad de superar la misma para adentrarse en un estudio más profundo de su legado.

Ciertamente, el asesinato de Lorca junto con el hecho de que todavía no se haya descubierto su cuerpo, es decir, que se haya negado la posibilidad de realizar un rito fúnebre con todo lo que ello conlleva, es una de las grandes manchas en la historia española. Además, ejemplifica la suerte de muchos españoles todavía perdidos y de sus familias incapaces de despedirse y de superar el trauma. Lorca, como Machado y Hernández, son los tres poetas que condensa en su suerte, el destino de su propio país:

> Parece como si los pequeños dioses bastardos de nuestra historia hubiesen querido simbolizar el destino de España con tres muertes de poetas. La de Lorca, al comenzar la guerra civil, para que supiéramos lo que nos esperaba. La de Machado, al terminar la

guerra, para que nos enterásemos del éxodo y del llanto, fuera de 'la pell de brau'. La de Hernández, en los años tristísimos, para que conociéramos la implacable severidad de los vencedores" (Semprún, 1976).

En este sentido, Semprún recoge ese importante simbolismo. No obstante, su crítica estriba en la necesidad de no quedarse estancado en ese aspecto, pues Ian Gibson ya relata en su estudio todas las claves relativas a la muerte de Lorca con gran lucidez, y pide a los lectores ir un paso más adelante. Semprún propone olvidar por un momento al autor para reivindicar la obra: "Lo simbólico, ya se sabe, si a veces esclarece un momento de la vida, o de la muerte, colectiva, también puede, al convertirse en estereotipo, en latiguillo vivo cartagenero, cegar las fuentes de una cabal comprensión histórica. O sea, crítica" (Semprún, 1976). A pesar de que su obra poética es la más conocida y estudiada, el autor se refiere a las grandes posibilidades de comprensión de la España de la época latentes en sus piezas de teatro. En ellas, se encuentran "deformados, los temas sofocantes de un momento histórico: los de la sociedad rural española, latifundista patriarcal y machista, con su carga represiva de frustraciones sexuales" (Semprún, 1976). Lo cierto es que este artículo parece estar escrito con el objetivo de interpelar a los críticos y a los nuevos autores para que revisiten la dramaturgia lorquiana, rescaten a Lorca como autor de esa mitología que, paradójicamente, lo eclipsa, y aflore una mejor comprensión de los temas clave del pasado español, todavía pendiente de superar, pues afectan directamente al inconsciente colectivo y, por tanto, al presente.

Giacometti, Alberto

Alberto Giacometti (1901-1966), pintor y escultor de origen suizo conocido por su representación artística de la incomunicación, el aislamiento y la soledad del sujeto durante el siglo XX. En sus inicios, Giacometti realiza una intensa exploración pictórica y escultórica que pasa por el arte simbolista, africano y surrealista, hasta que, tras la experiencia de la Segunda Guerra Mundial, se inspira en la corriente existencialista y en la filosofía del absurdo. El artista comienza entonces a jugar con su percepción del cuerpo humano y surgen sus famosas esculturas de figuras alargadas, extrema delgadez, rostro vacío y superficie áspera.

En la obra testimonial referente a los campos de concentración de Semprún, encontramos referencias a las esculturas de la serie *El hombre que camina* de Giacometti. La referencia a los caminantes cumple una doble función; por un lado, es un detonante para el autor en su calidad de testigo de la experiencia, pues la visión de sus formas y expresiones lo trasladan de nuevo a la realidad del campo de forma automática; por otro lado, actúan como un recurso del artificio que ayuda al lector, en su calidad de no testigo, a intentar comprender el estado de reducción y degradación física y moral en el que quedaban los deportados tras las prácticas de aniquilación de los agentes nazis:

> Jamás, más tarde, toda una vida más tarde, podré evitar la bocanada de emoción – no me refiero a la que provoca la belleza de estas figuras, que no requiere explicaciones: es evidente, en primer grado –, de emoción retrospectiva, moral, no sólo estética, que suscitaría en cualquier lugar la contemplación de los paseantes de Giacometti, sarmentosos, de mirada indiferente dirigida hacia unos cielos indecisos, infinitos, deambulando con su paso incansable, vertiginosamente inmóvil, hacia un porvenir incierto, sin más perspectiva o profundidad que la que crearía su propio caminar ciego pero obstinado. Me traerían a la memoria insidiosamente, cualquiera que fuera la circunstancia, incluso la más alegre, el recuerdo de las siluetas de antaño, en Buchenwald (Semprún, 1995: 59).

Los paseantes de Giacometti representan para Semprún el retorno a la contemplación de aquellos deportados llegados a Buchenwald en el momento de la superpoblación que había acarreado el amontonamiento y la mayor escasez de comida. Agónicos, como cadáveres en vida que se movían sin fuerza, lentos, casi imperceptiblemente. Toda la descripción minuciosa que aporta el autor literariamente, culmina de forma sublime en la desgarradora imagen de las esculturas de Giacometti a las que alude. Semprún hace uso de todos los recursos artísticos disponibles para facilitar al lector la comprensión de la vivencia.

Gide, André

André Gide (1869-1951) es un novelista francés cuya obra se ve fuertemente influenciada por la exploración de la moralidad, los conflictos identitarios y la realización personal lejos de los marcos tradicionales opresores.

Su carrera literaria comienza con *Los cuadernos de André Walter*, en 1891, obra simbolista que trata sobre un joven desdichado y su lucha interior. Sin embargo, es gracias a la novela *Los alimentos terrenales* (1897), crítica de la moralidad cristiana basada en la culpa, que cosecha su primer éxito. Esta línea narrativa continúa con otras novelas de gran éxito como *El inmoralista* (1902), *La puerta estrecha* (1909) y *Los monederos falsos* (1925). Especial mención merece la publicación de *Corydon* en 1924 por el escándalo que supone en su época por ser un alegato en defensa de la homosexualidad. Asimismo, destaca su *Diario* (1889-1942), constituido como una suerte de *Bildungsroman*, es decir, de novela de aprendizaje. En 1947, recibe el Premio Nobel de Literatura.

Son muchos los escritores y filósofos que tienen un papel importante en la vida de Jorge Semprún, tal y como aparece especificado en todas sus obras; no obstante, el caso de André Gide y de su novela *Paludes* (1895) tiene, sin duda, un lugar destacado por haberle ayudado a afrontar su primera vivencia traumática, la del exilio, cuando todavía era un adolescente.

Tras observar cómo su condición de extranjero español era banalizada y degradada por su mala pronunciación del francés, en seguida decide apropiarse de esta nueva lengua para dominar, con ello, su nueva condición de exiliado y proteger sus orígenes. En esta tarea vital, el descubrimiento de la escritura de André Gide ocupa un puesto privilegiado, en primer lugar, por sus temas, pues señala que "aprendí de ella cosas fundamentales: sobre la densidad de la vida, sobre el mal y el bien, sobre las calamidades del amor, sobre el valor y la cobardía de los hombres, sobre la esperanza y la desesperación" (Semprún, 1998: 113); pero, sobre todo, por su estilo narrativo. El uso que el novelista hace de la lengua francesa aporta la armonía que el universo, en ese momento caótico, de Semprún necesita. En *Adiós, luz de veranos...* (1998), el autor se refiere a la precisión y transparencia atemporal de su obra, así como a su modernidad formal, insolencia narrativa, imaginación, concisión y riqueza léxica. Semprún, que en varias ocasiones ha confesado la poca importancia que tiene para él leer los libros en su lengua original "ahora bien, no leo siempre en el idioma conveniente. El Quijote lo leí en alemán, y esa novela de Faulkner en italiano... No creo que tenga demasiada importancia" (2003: 287); en el caso de Paludes, parece diferir de esta opinión. Para él, *Paludes* es una obra eminentemente francesa; no en su sentido nacional, sino lingüístico. Su esencia misma se sitúa en su lengua original, por lo que le resulta imposible imaginarla en cualquier otro idioma:

> Porque la esencia de esa novela, de la mayoría de las grandes novelas – aunque se nutran de su lengua originaria y original, que enriquecen a su vez –, no estriba en el lenguaje.
>
> La esencia de Paludes, en cambio, estriba en su lengua. No cabe concebir Paludes en otra lengua que en francés (1998: 115).

Es a partir de la lectura de *Paludes* que Semprún conecta con la esencia inherente a la lengua francesa y experimenta el gozo de su apropiación: "necesitaba esa claridad, como se necesita, cuando se está sediento tras una larga y agotadora marcha, el agua de una fuente" (1998: 116). En *Adiós, luz de veranos...* queda ejemplificado el viraje que supone en su rumbo existencial. Frente a la negatividad de su condición representada por el racismo y la ignorancia de la pastelera del boulevard Saint-Michel, Gide le ofrece una herramienta con la que dominar su destino y un territorio habitable que lo reintegra en el mundo:

> La panadera del bulevar Saint-Michel me había expulsado de la comunidad; André Gide me reintegró a ella de manera subrepticia. Iluminado por aquella prosa que se me brindaba, crucé clandestinamente las fronteras de una probable tierra de asilo. Me refugié en

la universalidad de aquella lengua. André Gide, con Paludes, con la trasparente densidad de su prosa, hizo accesible para mí ese universalismo (1998: 117).

A partir de esa experiencia, la lectura de esta novela se convierte en un motivo literario en el que un ensoñado Semprún se divierte imaginando que encuentra a un buen amigo a través de su lectura.

Asimismo, en *La escritura o la vida* (1994) señala la claridad y exactitud presente en la prosa de Gide, así como el contraste con la lengua española que le resulta barroca y compleja. En este sentido, cuando ha sido cuestionado por la elección del francés para escribir la mayor parte de sus obras, se ha justificado haciendo referencia a esta diferencia entre los dos idiomas. El español, su lengua materna, tiende al barroquismo y lo domina; mientras que el francés, patria conquistada por elección, es un idioma más claro que él domina.

Por otro lado, la capacidad salvadora que Semprún reivindica en *Adiós, luz de veranos...* (1998) es muy curiosa, pues parece que ejerce esa misma capacidad para el propio André Gide. El propio autor confiesa que, tras su vuelta de África, donde contrae tuberculosis pulmonar y cae gravemente enfermo, le invade un gran sentimiento de desidia y desesperación por una existencia regida por el determinismo y la estricta moralidad de la religión cristiana que su madre le había inculcado. El artista experimenta una profunda necesidad de liberarse de esas cadenas que le privan de la libertad y que entran en conflicto directo con sus deseos y anhelos. En este estado de desesperación, afirma que la escritura de Paludes fue lo único que lo salvó del suicidio.

Giraudoux y Guilloux, aprender lo esencial

Jean Giraudoux (1882-1944), novelista y dramaturgo francés de gran relevancia en la escena francesa del siglo XX. Su gran formación intelectual y su cosmopolitismo apoyado por sus diferentes viajes por Alemania, Austria, Hungría, Italia o Inglaterra tienen un gran impacto en sus obras. En sus tres novelas *La escuela de los indiferentes* (1911) ofrece un recorrido por su trayectoria intelectual y sentimental. Tras su participación en la Primera Guerra Mundial, publica relatos de guerra y novelas como *Lecturas para una sombra* (1971) o *Amica America* (1919). Junto a su faceta de novelista, tuvo gran éxito como dramaturgo, especialmente por las obras *La guerra de Troya no sucederá* (1935) y *Electra* (1937).

Durante su etapa en la resistencia, bajo la falsa identidad de Gérard Sorel, un inocente jardinero, Semprún se idealiza a él mismo sintiéndose un posible personaje de una novela de Giraudoux. Por supuesto, confiesa que habría preferido adoptar la identidad de un inspector de pesos y medidas, pero reconoce que, por sus características, jardinero era la opción más verosímil y, por otro lado,

desempeña ese papel con una gran dignidad y convicción: "llevaba una metra-
lleta Sten, desmontada, en mi morral de jardinero, y a decir verdad, nada tenía
esto de sorprendente: los jardineros de Giraudoux siempre han tenido mucha
gramática parda, si bien se mira" (1981: 90). Asimismo, en el campo de Buchenwald, la literatura de este autor parece haberle concedido una especie de don
para percibir los signos de la muerte. Cuando un oficial de las SS lo descubre,
parado frente a un árbol lejos de la que debe ser su posición y lo amenaza con
una fuerte expresión de odio y rabia, no consigue transmitirle ni una pizca de
miedo pues no presiente en su actuación ni, en general en su ser, ninguna presencia de una posible muerte. Semprún se refiere a Jean Giraudoux como a un
maestro vital que le ha enseñado todo lo que verdaderamente importa en la vida:

> Giraudoux me enseñó a reconocer la muerte. Lo cierto es que, en aquella época, a mis
> veinte años, casi todo me lo había enseñado Giraudoux. Quiero decir, todo lo esencial.
> Cómo reconocer la muerte, sin duda. Pero también cómo reconocer la vida, los paisajes,
> la línea del horizonte, el canto del ruiseñor, la lancinante languidez de una muchacha, el
> sentido de una palabra, el afrutado sabor de una noche de soledad, el gemido nocturno
> de una hilera de álamos, la sombra vaporosa de la muerte: siempre me remito a ello
> (1981: 169).

El papel que tiene la literatura en la obra de Semprún responde a un hombre
que, a pesar de haberse visto solo desde muy corta edad a causa de la muerte tem-
prana de su madre, que era su verdadera maestra; las limitaciones de su padre
que, era un gran intelectual pero se mostraba incapaz en las situaciones prácticas
de la vida; y la separación y dispersión de la familia durante el exilio que le obligó
a madurar y a buscarse los medios para subsistir sin ayuda; consigue encontrar
en la literatura el sustento anímico y las enseñanzas esenciales que precisa para
sobrevivir y llevar una vida digna de acuerdo a sus convicciones e ideales. En esta
línea de lecturas de aprendizaje, cabe señalar también la importante relevancia
de la figura de Louis Guilloux y de su obra *La sangre negra* (1935).

Louis Guilloux (1899-1980) es un novelista, traductor y periodista francés
conocido por su especial tratamiento literario de la vida para las clases obreras.

Entre sus obras más importantes se encuentran *La casa del pueblo* (1927),
Compañeros (1930), *La sangre negra* (1935), la cual fue llevada a los escenarios
con el nombre de *Cripure* (1966), *Las batallas perdidas* (1960) *y La confrontación*
(1967).

Junto a su obra, la vida de Guilloux está marcada por su fuerte compromiso
social en defensa de las clases trabajadoras y de los derechos sociales. En 1927,
firma una declaración publicada en la revista Europe junto a otros artistas a favor
de la libertad de expresión y de la independencia intelectual. En 1935, ejerce

como secretario del Primer Congreso Mundial de Escritores Antifascistas. En 1936, viaja junto a André Gide a la Unión de Repúblicas Socialistas Soviéticas (U.R.S.S.). Asimismo, está al frente del Socorro Rojo Internacional, con el que ayudarán a los republicanos españoles y a los refugiados de la Alemania nazi.

Su labor literaria será reconocida a lo largo de su vida a través de diferentes premios como el premio Renaud, el Breizh, el Eugène Dabit o el Gran Premio de Literatura de la Academia Francesa.

La figura de Louis Guilloux es mencionada por Jorge Semprún en varias de sus obras. En *Adiós, luz de veranos...* (1998), muestra cómo la lectura de su obra *La sangre negra* tiene un gran impacto en su conformación identitaria y en su comprensión del mundo: "aprendí de ella cosas fundamentales: sobre la densidad de la vida, sobre el mal y el bien, sobre las calamidades del amor, sobre el valor y la cobardía de los hombres, sobre la esperanza y la desesperación" (Semprún, 1998: 113).

Halbwachs, Maurice

Maurice Halbwachs (1877-1945) es un personaje destacado en el ámbito de la sociología francesa. Perteneciente a la escuela durkheimiana, deja un amplio legado que abarca estudios sobre morfología social, psicología colectiva, clases sociales, demografía, suicidio... Aunque, sin duda, sus teorías más conocidas son las relativas al concepto de memoria colectiva, desarrolladas principalmente en sus obras *Los marcos sociales de la memoria* (1925) y *La memoria colectiva* (1950).

Halbwachs pone en duda la existencia de una memoria individual que sea realmente pura y saca a relucir la influencia de la sociedad en la conformación de los recuerdos. Lejos de la creencia existente hasta ese momento del proceso de rememoración como una actividad individual, el sociólogo plantea la intervención ineludible de aquellos que nos rodean: "Lo más usual es que yo me acuerde de aquello que los otros me inducen a recordar, que su memoria viene en ayuda de la mía, que la mía se apoya en la de ellos" (Halbwachs, 2004: 10). El acto de recordar se produce a través de un ejercicio de combinación de los diferentes medios de expresión que poseemos, entre los cuales destaca el lenguaje, el presente y el sistema de ideas generales existente en la sociedad. Este ejercicio combinatorio observado en sus experimentos se concreta en la idea de los marcos colectivos. A través del lenguaje, marco esencial de la memoria grupal con el que se designa el mundo; el tiempo, punto de referencia cronológico en el que tienen un papel destacado los sucesos históricos; el espacio, que construye y fija los recuerdos; y la experiencia, en la que se incluyen diferentes saberes como la geografía, la política o los acontecimientos cotidianos, cada persona recompone una imagen concreta del pasado. Esta construcción conjunta que realizan los individuos les otorga una identidad social y un sentido de pertenencia a un grupo, ya sea este familiar, religioso, educativo, laboral, nacional... Por lo tanto, la reconstrucción del pasado se produce de forma externa y desde el presente, en tanto que la memoria es una construcción social:

> La manifestación de mis recuerdos no tiene nada de misterioso. No hay que averiguar si se encuentran o se conservan en mi cerebro o en una recóndita parte de mi espíritu, donde yo sería, por lo demás, el único que tendría acceso. Puesto que los recuerdos son evocados desde afuera, y los grupos de los que formo parte me ofrecen en cada momento los medios de reconstruirlos, siempre y cuando me acerque a ellos y adopte, al menos, temporalmente sus modos de pensar. ¿Pero realmente es así en todos los casos?
>
> Es en este sentido que existiría una memoria colectiva y los marcos sociales de la memoria, y es en la medida en que nuestro pensamiento individual se reubica en estos marcos y participa en esta memoria que sería capaz de recordar (Halbwachs, 2010: 9).

Esta memoria a la que se refiere Halbwachs es intersubjetiva y cambiante, se encuentra en constante transformación a lo largo del tiempo, y se opone a la ciencia histórica. Mientras que la Historia se centra en el establecimiento de una cronología, se sitúa externamente a los grupos y busca la esquematización; la memoria colectiva tiene la capacidad de otorgar a los sujetos y a los grupos una continuidad y una identidad, pues no es artificial, sino que solo se queda con aquellos aspectos del pasado que tienen la capacidad de mantenerse vivos en la conciencia del grupo.

Si bien algunos aspectos de las teorías de Halbwachs han sido puestos en duda a lo largo de los años, lo cierto es que sus estudios ofrecen un interesante punto de partida para la comprensión del funcionamiento de los recuerdos desde nuevas perspectivas. Así, por ejemplo, Jan Assman (1992), partirá de sus hipótesis para establecer una división entre memoria comunicativa y memoria cultural.

Durante su vida, Halbwachs no solo escribe diversos artículos científicos y libros, sino que también es profesor en varias universidades, como la de Estrasburgo, Chicago o la Sorbona de París. En esta última, en el año 1942, habría tenido entre sus alumnos a un joven Jorge Semprún, según él mismo relata en varias de sus obras, por lo que el escritor conocía las teorías sobre la memoria colectiva de su profesor. Lo cierto es que el trabajo testimonial de Semprún realiza una gran aportación a la conformación del recuerdo colectivo sobre sucesos de la historia europea como la guerra civil, el exilio, los campos de concentración nazi, el franquismo, el auge y caída del comunismo o la entrada de España en la democracia.

El avance del nazismo, hace que Semprún abandone sus estudios universitarios y entre a formar parte de la Resistencia, lo que provoca su deportación al campo de Buchenwald. Allí, se reencuentra con Maurice Halbwachs, quien también había sido deportado el 20 de agosto de 1944, tras su arresto por la Gestapo, en el mes de julio, junto a su hijo Pierre, miembro de la Resistencia francesa.

En su obra *El desvanecimiento* (1979), Semprún explica sus frecuentes visitas al Campamento del campo de concentración, punto de encuentro para las reuniones políticas de los deportados, y entre sus asistentes, describe a un primer Maurice Halbwachs que todavía conserva un ápice de alegría a pesar del fin inminente que le espera: "Era un tipo alegre, Halbwachs. La muerte era el único acontecimiento previsible de su vida, pero se reía. Contaba recuerdos, evocaba cosas, volviéndose hacia Maspéro. Y reía" (1979: 68). En *Viviré con su nombre, morirá con el mío* (2011), el autor se centra en las visitas que le hacía al camastro del bloque 56, cuando ya se encontraba al final de su existencia, intentando recordarle esa vida, ya irreal, que habían compartido en el pasado:

> Aquel día para mi visita semanal, había previsto despertar su interés – o al menos distraerle de la lenta progresión pestilente de su propia muerte – recordándole su ensayo sobre Los marcos sociales de la memoria que yo leí dos años atrás cuando era alumno suyo en la Sorbona... (Semprún, 2011: 107-108).

Una rememoración que se vuelve cada vez más complicada por el avance de la destrucción física y psíquica de Halbwachs, quien comienza por enmudecer y termina por ser incapaz de escuchar o mirar. En *La escritura o la vida* (1994) relata que el último día consigue hacer un esfuerzo para abrir los ojos y expresar la vergüenza por la degradación a la que ha sido reducido física y mentalmente. Sin embargo, el escritor cree leer también en esa mirada un último atisbo de autonomía y libertad ante el conocimiento y la elección del propio fin: "El destello inmortal de una mirada que constata que la muerte se acerca, que sabe a qué atenerse, que calibra cara a cara los peligros y los envites, libremente: soberanamente" (1995: 35). Y con esa última mirada, Semprún deja al profesor tras recitarle a modo de oración redentora los versos del poema "El viaje", pertenecientes a la sección "La muerte" de *Las flores del mal* (1857) de Baudelaire. Halbwachs resistirá todavía dos días antes de morir:

> Maurice Halbwachs no murió entre mis brazos. Aquel domingo, el último domingo, no me quedó más remedio que dejarlo, abandonarlo a la soledad de su muerte, pues los silbatos del toque de queda me obligaron a regresar a mi bloque en el Campo Grande. Hasta dos días después no vi su nombre en la lista de los movimientos de los deportados: llegadas, salidas por transporte, fallecimientos. Su nombre figuraba en la lista de los

fallecidos diarios. Por lo tanto, todavía había aguantado dos días, cuarenta y ocho horas de eternidad de más (1995: 56).

Historicidad

El concepto de historicidad es desarrollado por el filósofo alemán Paul-Louis Landsberg y tendrá una influencia decisiva en la ideología y trayectoria de Jorge Semprún.

Paul-Louis Landsberg (1901-1944) es un filósofo existencialista marcado por los acontecimientos históricos del siglo XX. Landsberg, de origen judío alemán posteriormente convertido al cristianismo, trabaja como profesor de filosofía en la universidad de Bonn. El 1 de marzo de 1933 se ve obligado a huir del país a causa del ascenso del nazismo y, desde mayo de 1934, ejerce como profesor en la universidad de Barcelona. El estallido de la Guerra Civil española lo sorprende impartiendo un curso en Santander y se ve de nuevo obligado a trasladarse, esta vez a Francia. Durante la guerra, contribuye notablemente al movimiento Esprit, el cual tiene un fuerte vínculo con la familia Semprún. A partir del armisticio, debe llegar a la zona no ocupada para huir de la persecución alemana pero, a pesar de conseguirlo, en marzo de 1943, es arrestado por la Gestapo y deportado al campo de Oranienburg, donde morirá un año después por extenuación.

En *Adiós, luz de veranos* (1998), Semprún habla de Landsberg como de una figura paternal y, de hecho, su filosofía sobre el concepto de historicidad marcará su forma de concebir el sentido y el valor de la vida. El autor hace referencia a la importancia de las ideas expuestas por Landsberg en "Reflexiones sobre el compromiso personal" (1937). El filósofo indica que el ser humano no puede eludir su deber con el destino colectivo, está obligado a participar en la historia de las colectividades en la que se inserta. Este compromiso vital es el único que le garantiza la realización de la presencia histórica y, por tanto, de la historicidad necesaria para su humanización. A través de él, el sujeto se convierte en lo que Landsberg denomina el hombre integral, es decir, aquel que, actuando con voluntad e inteligencia, concibe el compromiso como un acto total y libre.

El encuentro con esta teoría es para Semprún una especie de detonante que le permite salir del estado de aflicción y de pasividad en el que se encuentra en sus primeras semanas en París, y tomar una determinación, la de comprometerse con esa causa imperfecta a la que alude Landsberg y darle un sentido a la vida:

> Para mí, en cualquier caso, la palabra "historicidad", cargada de sentido y de sangre, simboliza un descubrimiento: el del universo real de la política y de la historia. Un continente confuso, acaso laberíntico, al que había que entregarse en cuerpo y alma, aun a riesgo de perderse en él. (…) La impresión dominante, casi física, parecida a una fiebre

espiritual, que experimenté más tarde, en otros contextos, al leer a Shakespeare o a los trágicos griegos, o algunos textos de juventud de Marx y de Lukács, fue la de una pertenencia activa al mundo: ilusión de conocerlo, voluntad de transformarlo (Semprún, 1998: 109-110).

Humo

La existencia de los campos de concentración, medio concebido para llevar a término la denominada "Solución Final", es decir, la exterminación literal de todos los judíos, así como de los opositores o personas consideradas como no válidas para el ideal nazi, hace necesario que se cree un nuevo lenguaje capaz de expresar una realidad inimaginable e inconcebible hasta entonces. En este sentido, palabras ya existentes se dotan de una nueva significación para adecuarse a la realidad, como es el caso de la palabra humo.

En *La escritura o la vida* (1994), Semprún reflexiona sobre la nueva acepción que el término humo tiene para los deportados. En primer lugar, aclara que designa un elemento de comprensión inalcanzable para aquellos que no han sido testigos directos. No es imaginable porque se trata de una nueva creación que surge en el interior del campo, inherente a él. En segundo lugar, el autor se dedica a describirlo: constante, implacable, negro, heterogéneo, siempre visible, penetrante. Finalmente, se dirige a la esencia, a la verdad que se esconde tras la presencia de ese humo que mucha gente exterior al campo intentó negar o ignorar: el humo cobra un nuevo significado porque ahora expresa la muerte de millones de personas. En el campo, los deportados convivían con un humo que era, sin metáforas, el final de los cuerpos de los compañeros Por ello, a partir de esta nueva inserción lingüística, los prisioneros se refieren a la muerte a través de expresiones como "irse por la chimenea" o "deshacerse en humo".

En varios testimonios y autoficciones, el humo es un elemento destacado, llegando a ser casi una trama central como en el caso de *La montaña blanca* (1986). En esta historia, Juan Larrea, protagonista y uno de los nombres empleados por Semprún durante la clandestinidad antifranquista, mezcla sus recuerdos con los del propio autor en una simbiosis evocadora de nuevas sugestiones. En la línea narrativa, el humo va guiando y desencadenando la mezcla de acciones y rememoraciones de Larrea. El humo sobre la llanura de Freneuse, la chimenea humeante de la central energética de Porcheville o, incluso, el humo de leña de los hogares, todos conducen siempre a un mismo lugar: a la memoria de la muerte, definida como un recuerdo vivo y obsesionante, hasta el punto de que llega a afirmar que "me hace ser lo que soy" (1986: 122). Son muchos los supervivientes que comparten esa creencia de no haber sobrevivido realmente

al campo, de haberse disuelto ellos también en el humo de los hornos crematorios y de no ser ahora más que cadáveres ambulantes, *revenants*. De hecho, si en
muchas ocasiones Semprún habla de las similitudes entre los campos nazis y los
estalinistas reivindicando la necesidad de construir el presente y futuro de Europa contra esas dos caras del mal, en esta novela ofrece justamente el motivo del
humo como diferenciación y singularización de los campos nazis:

> Empezó por hablar del humo del crematorio, por el olor a humo sobre la colina de
> Etterberg (…) Por aquel recuerdo que no podía compartir con nadie que no hubiera
> estado allí, que no hubiera sobrevivido al infierno. Ni siquiera los antiguos deportados
> del Gulag soviético, decía Juan, cuya memoria recela los mismos abominables tesoros
> (…) ni siquiera ellos conocen ese olor a humo de los crematorios sobre los paisajes de
> Europa. ¡Es nuestro tesoro, la esencia de nuestra vida! (1986: 293).

Identidad

Se entiende por identidad el conjunto de rasgos que caracterizan a una persona,
distinguiéndola de las demás. Poseer una identidad propia y definida es una
necesidad vital para el ser humano pues le otorga un sentimiento de seguridad
y de pertenencia. En este sentido, en el momento en que vivimos un suceso que
nos niega esos factores que conferían forma a nuestro ser, experimentamos un
trauma que conlleva el replanteamiento de quiénes somos realmente.

Entre esos factores, se encuentra la vivencia de la guerra y el exilio. El sujeto
que se ve obligado a dejar su país, cruzar la frontera y exiliarse en un nuevo
territorio observa cómo los pilares que sustentaban su vida y su identidad se
tambalean. Si a esa pérdida de las raíces, se suma el cambio lingüístico, la deriva
identitaria se acrecienta.

Jorge Semprún, joven español de una familia intelectual burguesa acomodada, asiste a la desaparición de su vida, tal y como la conoce hasta ese momento,
a partir del estallido de la guerra civil española. La familia parte en exilio, deja
atrás su país de origen y se dispersa por diferentes ciudades; cruzar la frontera
implica perder las raíces, los seres queridos y la lengua materna, elementos identitarios fundamentales. En la nueva realidad, observa cómo se convierte en un
rojo español, en el Otro extranjero, en su sentido originario de enemigo. Ante esta
nueva realidad, toma la resolución de convertir su identidad en una virtud interior que debe proteger gracias a una maestría y a una pronunciación impecable
de la lengua francesa. Esa pretensión le permite superar su situación traumática,
al tiempo que forja nuevos pilares sobre los que sustentar su ser. Sin embargo, su
andadura y transformación identitaria no terminan ahí. El ascenso de los regí-
menes totalitarios, lo lleva a comprometerse y a luchar en la Resistencia francesa,

creando un nuevo aspecto clave de su sustancia, el del intelectual comprometido. Posteriormente, en el campo de concentración de Buchenwald, a pesar de haber sido detenido en Francia, es clasificado con la S de *Spanier*, español, volviendo así a sus orígenes. El trauma ocasionado por la etapa en el campo de concentración será de tal envergadura que, en muchas ocasiones, confesará que, pese a todo, siempre será un *Rostpanier*, es decir, un rojo español deportado de Buchenwald:

> Mi pasaporte era español, claro está. La idea de tener un pasaporte francés, es decir, de abandonar la nacionalidad española desde ese punto de vista, jamás se me había ocurrido. (…) Pero la idea de ser francés de esa manera jamás se me había pasado por la cabeza. Yo había sido un rojo español en Francia, un *Rostpanier* en el campo nazi de Buchenwald. No se puede abandonar esa identidad bajo ningún pretexto, me había dicho siempre. En cierta manera era el destino histórico que me había sido asignado (Semprún, 1993: 19).

Intertextualidad

El recurso a la intertextualidad es una marca inconfundible del autor, su huella dactilar literaria. Sus obras están repletas de alusiones y pasajes a otros escritores que lo han acompañado a lo largo de su periplo vital, pero también, de autorreferencias que tejen una delicada red de asociaciones y vivencias entre todas sus novelas.

En referencia a este procedimiento, Paul Ricoeur señala que sería un error creer que las constantes inserciones de versos o fragmentos novelescos actúan únicamente a modo de ejemplo o de adorno. Semprún nos ofrece una memoria poética, una evocación de la propia poética del acontecimiento.

A la intertextualidad se une el vaivén cronológico y espacial característico de su estilo narrativo. El lector que se acerque por primera vez a una obra de Semprún, no debe esperar encontrarse con un relato lineal, que respete un orden cronológico tradicional. Sus novelas y testimonios se dejan llevar por las evocaciones y recuerdos, trasladándonos continuamente a través de sus vivencias. En *Aquel domingo* (1981) reflexiona sobre la artificialidad del orden cronológico en un relato. Si bien cualquier persona concibe la presentación de un suceso en una narración temporalmente lineal como algo normal y realista, para Semprún, se trata de una artimaña literaria que nada tiene que ver con la realidad. El mundo es puro caos y desorden, por lo que no sigue ninguna regla geométrica y constante; en este sentido, la escritura cronológica no es más que

> Una abstracción, una convención cultural, una conquista del espíritu geométrico (…) es una forma para el que escribe de demostrar su domino sobre el desorden del mundo, de marcarlo con su sello. Actúa como si fuera Dios. Recuerden: el primer día creó esto,

el segundo día creó aquello, y así sucesivamente. El orden cronológico lo inventó Jehová (1981: 109).

El autor ha negado que se trate de un simple recurso narrativo, pues para él es una muestra de su forma de inscribirse en el mundo. Estos dos procedimientos que recorren su escritura obedecen al funcionamiento de la memoria humana. En ese sentido, cabe tener en cuenta que se trata de una memoria marcada por el trauma del exilio pero, sobre todo, de los campos de concentración. Esos episodios y referencias insistentes que se repiten, que vuelven una y otra vez de forma obsesiva, así como esos traslados en el tiempo en una especie de estructura circular, a modo de *flashback*, responden a los síntomas característicos del sujeto traumatizado. Esta técnica deja una impronta de circularidad en todas sus obras, por lo que todas ellas exceden los marcos de la trama inicial, enlazándose con diferentes episodios que, lejos de ser una mera repetición, se convierten en una nueva forma de acercarse a la realidad. En este sentido, leer una novela de Semprún sobre el campo de concentración, supone leer sobre el exilio republicano español, sobre la pérdida y reconquista de la identidad, sobre la pérdida materna, sobre la ilusión y desilusión del comunismo, sobre la algarabía de sus diversos idiomas… Se trata de una lectura amplia, llena de perspectivas que facilita la comprensión de los hechos históricos gracias a su pluralidad de enfoques.

Jean-Marie Action

Ya exiliado en Francia y en vista del ascenso de los diferentes fascismos en Europa, Jorge Semprún decide unirse a la Resistencia francesa. Según ha comentado en varias ocasiones, para él, formar parte de ese movimiento de resistencia era una forma de luchar indirectamente contra Franco, pues en esencia se trataba de los mismos principios. A partir de 1943, bajo el seudónimo de Gérard Sorel, comienza a trabajar para Jean-Marie Action, una red que operaba en Francia, perteneciente al grupo británico Jean-Marie Buckmaster. Esta red debía su nombre al coronel Maurice J. Buckmaster y dependía del SOE (Special Operations Executive), puesto en marcha por Churchill del 19 de julio de 1940. Sus objetivos principales eran el sabotaje, la evasión de los pilotos que habían caído en campo enemigo y la recepción de las armas lanzadas desde paracaídas.

Junto a su amigo Michel Herr, Semprún es reclutado por Henri Frager, encargado de la red francesa de la resistencia bajo el seudónimo de "comandante Paul", con quien coincidirá brevemente en el campo de concentración de Buchenwald, pues será arrestado en julio de 1944 y ejecutado el 5 de octubre de ese mismo año.

Durante esta etapa de su vida, Semprún mantiene la identidad de Gérard Sorel, un simple jardinero, que en realidad se encarga de recoger las armas que dejan caer en paracaídas durante la noche. El 8 de octubre de 1943 será detenido por la Gestapo, torturado durante nueve meses en la Maison d'Arrêt de Auxerre y, posteriormente, trasladado al campo de concentración de Buchenwald.

Krematorium, ausmachen!

En alemán "crematorio apaguen". Por las noches, los oficiales de las SS ordenaban que se apagaran los hornos crematorios para evitar ser un objetivo visible por el enemigo durante los bombardeos. Semprún se refiere a esta frase como una huella mnémica instalada para siempre en su interior, capaz de hacerle retornar a la vivencia de la deportación. Sin embargo, la dureza de este detonante no se basa en la existencia del campo de concentración, no es la realidad de la muerte lo que le preocupa; el miedo y la angustia se hallan en la ensoñación de la vida: "Pues no era la realidad de la muerte, repentinamente recordada, lo que resultaba angustiante. Era el sueño de la vida, incluso apacible, incluso lleno de pequeñas alegrías. Era el hecho de estar vivo, aun en sueños, lo que era angustiante" (1995: 24).

Esta frase pronunciada por la noche, mientras dormían, hacía que se confundiera con su sueño, volviéndose en ellos una presencia densa, hasta despertarlos y devolverlos a la realidad que vivían: "nos devolvían en el acto a la realidad de la muerte. Nos arrancaban del sueño de la vida" (1995: 24).

Leander, Zarah

Zarah Leander (1907-1981), cuyo verdadero nombre es Zarah Stina Hedberg, es una actriz y cantante de origen sueco que pasó a la historia por sus grandes éxitos en el cine de la Alemania nazi.

Tras unos humildes inicios en su país natal, a partir de 1936, su carrera despega gracias a su traslado a Viena y a su participación en la opereta *Axel an der Himmelstr* de Ralph Beinatzky, así como a su papel protagonista en la película *Première* de Géza von Bolváry. Estos dos éxitos, junto con el vacío que había quedado en la industria alemana tras la salida de Marlene Dietrich y Greta Garbo, hasta entonces principales artistas en el cine, favorecen que Zarah Leander goce de una gran fama y prestigio.

Si bien la artista siempre conservó su nacionalidad sueca y nunca quiso mezclarse en cuestiones políticas, el régimen nazi la utilizó como a una de sus grandes figuras artísticas y nunca se aclaró el grado de colaboración o simpatía de Leander con el nazismo. Alrededor de su vida circulan muchos rumores, hasta el punto de que se ha llegado a afirmar que, en realidad, podría haber sido una espía al servicio de Rusia.

Prácticamente todos los testimonios de Semprún relativos a Buchenwald evocan en algún momento las canciones de Leander. De hecho, en *Aquel domingo* llega a afirmar que "Buchenwald sin Zarah Leander no era ni mucho menos el auténtico Buchenwald" (1981: 53). En un universo caracterizado por la deshumanización, los domingos se presentan como un paréntesis, como una especie de parálisis absurda del horror cotidiano. Por este motivo, Semprún se plantea el proyecto de enfocar la narración del campo describiendo una jornada de domingo y, en esa evocación, no podría faltar la figura de Zarah Leander. Su "hermosa voz de mujer, un poco ronca, dorada" (1995: 298) entonando una canción de amor a través de los altavoces de la SS era un soplo de esperanza para los deportados. Lo cierto es que no deja de ser sorprendente que un soldado nazi decidiera proporcionarles este alivio que contradecía todos los principios del sistema. El autor se plantea si, en realidad, esa música era su propio alivio, también él privado de cualquier contemplación bella en su día a día. Los domingos serían el momento especial de ese soldado que recostado en su despacho observaría la colina, las espléndidas montañas de Turingia, mientras escuchaba canciones que siempre hablaban de amor.

En las tesis de Semprún sobre la necesidad de trabajar la realidad para superar su carácter inefable, la inserción del arte, en cualquiera de sus facetas, es indispensable. En los testimonios de antiguos deportados observa que sus recuerdos fragmentarios, abruptos, únicamente marcados por el horror, carecen de la capacidad de transmitir la totalidad del suceso. La afirmación de que Buchenwald sin Zarah Leander está incompleto bebe del hecho de que, junto a las listas interminables, el frío del duro invierno, el hambre y el cansancio continuos o la lenta e inexorable degradación física y moral, se hallaba también la esperanza y todos los mecanismos de defensa que los mantenían en pie. En este sentido, el domingo, único día excepcional alejado del horror continuo, es el mejor momento para comenzar el relato, pues escuchando las canciones de amor, los deportados, frustrados por la falta de comida y el cansancio, podían dejarse llevar por sus recuerdos y sumergirse en la memoria de los momentos felices antes del campo:

> Los días en que el trozo de pan negro era tan fino que era inútil no masticarlo, que de nada servía chuparlo como un caramelo para hacerlo durar, ya que igualmente no duraría, aquellos días, abismados en el almibarado susurro de las canciones de Zarah Leander, siempre llegaba un momento en que Fernando evocaba aquella escapada a Bretaña con una muchacha que se llamaba Juliette. Era el recuerdo privilegiado de Barizon, su fetiche en el mundo borroso y lejano de lo vivido en la imaginación (1981: 55).

Gracias al recuerdo de su compañero Fernando Barizon, Semprún se mimetiza en esa evocación, hace suyo el momento de placer, lo siente como el único regalo posible en un espacio en el que casi no hay cabida para la fantasía. El testimonio del campo de Buchenwald, para ser completo y, sobre todo, para convertirse en un objeto artístico y trascender, debe contenerlo todo; la bestialidad de los SS y de los propios deportados que se abandonan a sus instintos más banales, pero también la resistencia humana que conseguía imponerse en sus momentos de descanso. Las canciones de amor, la recitación de poemas, los espectáculos teatrales organizados entre deportados, la música clandestina, los recuerdos compartidos y todas las estrategias de supervivencia actúan en la obra sempruniana como una estetización de la vida en el campo que se iguala en intensidad a la evocación de la banalidad del mal.

Por otro lado, la figura de Zarah Leander tiene un gran papel como detonante tras la liberación del campo. El recuerdo traumático que había intentado enterrar en su interior, se aviva involuntariamente a través de los sentidos. Los olores, sonidos, sabores o imágenes figuran en sus obras como elementos que traicionan su voluntad y lo devuelven automáticamente a la realidad de lo vivido. Entre esos detonantes, figuran las canciones de la artista sueca que en *La escritura o la vida* (1994) se presentan como un recuerdo sensorial que lo obliga a dejar aflorar sus recuerdos reprimidos para poder darle una salida terapéutica al trauma y reintegrar en su cronología vital la experiencia del campo de concentración.

Literatura concentracionaria

Representación literaria de la vivencia de los campos de concentración a través de diferentes géneros literarios. Si bien se suele asociar a la literatura que aborda la experiencia de los campos de concentración nazi, lo cierto es que se trata de un fenómeno más complejo. La existencia de campos de concentración no tiene un límite espacio-temporal, así podemos encontrarlos en la Reconcentración de Valeriano Weyler durante la guerra de la Independencia, en el Gulag soviético, en la Francia ocupada durante la Segunda Guerra Mundial, en la dictadura militar argentina, en el Laogai chino, en la España franquista, en el Campo de Boiro durante la presidencia de Sekou Touré en Guinea, entre muchos otros. El corpus literario concentracionario estaría formado por aquellas obras que tratan de expresar la experiencia en el campo con el objetivo de superar el trauma causado, dar a conocer la verdad y evitar su repetición.

En el caso de Jorge Semprún, fue un autor que dedicó gran parte de su obra a tratar de buscar la forma de representar y facilitar la comprensión de lo que supusieron lo campos de concentración nazi. Aunque en muchas de sus novelas se pueden encontrar referencias a su época en Buchenwald a causa de su característica recurrencia a la autorreferencialidad y al hecho de que fue una experiencia que lo invadió todo, dentro de la categoría de literatura concentracionaria, se pueden incluir las siguientes obras: *El largo viaje* (1963), *El desvanecimiento* (1967), *Aquel domingo* (1980), *La montaña blanca* (1986), *La escritura o la vida* (1994), *Viviré con su nombre, morirá con el mío* (2001).

En el artículo "El holocausto 60 años después" publicado el 23 de enero de 2005 en El País, Semprún alerta del peligro que supone banalizar la experiencia concentracionaria al realizar un análisis genérico y no profundizar en las especificidades del conjunto. Para ejemplificarlo, se refiere a las diferencias sustanciales que se encuentran al comparar obras como las escritas por Primo Levi o Elie Wiesel, judíos destinados a los campos de exterminio, y la que evoca Robert Antelme, resistente destinado a un campo de trabajo. La esencia en la que divergen debe ser perfilada a través de los términos con los que se designa su literatura, ya que, si unos vivieron la experiencia de la deportación, otros vivieron la del exterminio. Ese matiz es crucial porque altera los miedos pánicos con los que convivieron en su día a día y se reflejado en sus obras. La diferencia ontológica es sintetizada por Semprún en el hecho de que los resistentes son deportados a causa de sus acciones voluntarias y los judíos de su identidad, ajena a sus hechos o creencias. Mientras la "vida-hacia-la-muerte" que se padece en un campo de trabajo se basa en la capacidad de soportar las duras condiciones en las que deben trabajar; en el campo de exterminio, desde el primer momento tras bajar del tren, se enfrentan a la primera selección en la que observan como sus seres queridos, "carne de su carne", son enviados a los hornos crematorios. Esa división entre una mínima posibilidad de supervivencia y la muerte inmediata e impotente es una experiencia que revivirán en repetidas ocasiones y que desencadenará en ellos sentimientos que van desde el miedo, el egoísmo o la crueldad, hasta la culpa. La expresión de la culpa del superviviente judío, que fue dirigido inconscientemente a la fila correcta al contrario de sus familiares, ocupa obsesivamente las páginas de sus obras. Es una herida traumática que los persigue hasta el final y los singulariza: "La selección, pues, que abre la perspectiva moral de la cámara de gas es una experiencia existencial que singulariza para siempre la memoria judía, de tal manera que un mínimo rigor intelectual prohíbe su banalización" (Semprún, 2005).

Machado, Antonio

Antonio Cipriano José María Machado Ruiz (1875-1939), más conocido como Antonio Machado es uno de los grandes poetas y dramaturgos españoles de la Generación del 98.

Los versos de su poema "Retrato", incluido en *Campos de Castilla* (1912), marcan un antes y un después en la vida no solo de Jorge Semprún, sino de su círculo más cercano. Al calor del fuego, ajenos al hecho de se trata de la última ocasión en que estarán todos juntos, recitarán la poesía de Machado. Posteriormente, ya en el exilio parisino, tras la traumática inspección que las religiosas hacen de su equipaje en el liceo Henri IV, la última estrofa del poema de Machado vendrá a su memoria, sintetizando una vez más su estado:

> Y cuando llegue el día del último viaje,
> y esté al partir la nave que nunca ha de tornar,
> me encontraréis a bordo, ligero de equipaje,
> casi desnudo, como los hijos de la mar.

> Mi equipaje era ligero, desde luego. Y más valía que así fuera, incluso si me embarcaba para la vida, no para el último viaje. Ni amarras ni peso: esa desgracia aparente era una suerte. Me sentía flotar en la tonificante incertidumbre del desarraigo. En la inquieta seguridad de mi corazón, que se me salía del pecho (Semprún, 1998: 33).

En su poema "Retratos", Machado realiza una especie de recorrido vital que se inicia en el pasado con la evocación de su niñez en Sevilla y de su juventud en Castilla; continúa abarcando el presente, en el cual describe su personalidad, hombre sencillo, pacífico, de ideas revolucionarias, y su poesía, que abraza la expresión austera y se aleja de la pomposidad del Modernismo; finalmente, se dirige hacia el futuro, recio, aceptando con serenidad el fin. Ese día del último viaje que para Machado simboliza la muerte, marcará para Semprún el fin de su vida antes del exilio. Un final que, tras un periodo de melancolía y aflicción, decide afrontar con valentía, curiosidad y deseo de tomar las riendas de su nueva vida.

Asimismo, la importancia de este poeta reside en el hecho de que, para Semprún, la figura de Antonio Machado sintetiza muy bien el destino del pueblo español durante la Guerra Civil, pues era uno de esos miles de españoles que, durante el mes de febrero de 1939, se vieron obligados a cruzar la frontera ante la llegada de las tropas franquistas a Cataluña. De hecho, a pesar de que no coincidan con absoluta precisión, en muchas ocasiones se utiliza la muerte de Federico García Lorca, el 19 de agosto de 1936, y la de Antonio Machado, el 22 de febrero de 1939, para indicar simbólicamente la duración de la Guerra Civil.

Mal Radical

Una de las claves de la escritura sobre los campos de concentración de Jorge Semprún es su interrogación sobre la verdadera esencia de tal acontecimiento histórico. Dar a conocer lo que vivieron los deportados y facilitar la comprensión de su densidad para evitar la repetición bajo nuevos aspectos es el motor que empuja al autor a salir de su mutismo y empezar a escribir. En este sentido, la pregunta sobre el mal, sobre su naturaleza y su alcance, recorre su obra tratando de dejar un mensaje para el futuro:

> Lo esencial – digo al teniente Rosenfeld – es la experiencia del Mal. Ciertamente, esta experiencia puede tenerse en todas partes... No hacen ninguna falta los campos de concentración para conocer el Mal. Pero aquí, esta experiencia habrá sido crucial, y masiva, lo habrá invadido todo, lo habrá devorado todo... Es la experiencia del Mal radical... (Semprún, 1995: 103).

Semprún hace alusión al concepto del Mal Radical, abordado por el filósofo Immanuel Kant en varias de sus obras, destacando su ensayo *Sobre el mal radical en la naturaleza humana* (1792) y *La religión dentro de los límites de la razón* (1793). Kant expone que en el hombre coexiste una disposición innata (*Anlaga*) hacia el bien y una propensión (*Hang*), originaria pero no inevitable, hacia el mal. Niega la autonomía ontológica del mal y rechaza la visión maniquea según la cual el ser humano se encuentra en constante lucha entre dos fuerzas contrapuestas, así como la idea de que se trata de una inclinación natural. El Mal Radical no tiene su origen en la naturaleza del ser, no es algo instintual, pues esta presunción comprometería su libertad. El Mal está relacionado con la corrupción de la voluntad, en tanto posibilidad del ejercicio de su libre albedrío. En su estructura moral, el individuo tiene la posibilidad inherente de elección. Dicha elección debe basarse en el cumplimiento del deber, ha de buscar una máxima de voluntad para ser considerada verdaderamente libre:

> El fundamento del mal no puede residir en ningún objeto, que determine el albedrío mediante una inclinación, en ningún impulso natural, sino solo en una regla que el albedrío se hace el mismo para el uso de su libertad (...) la libertad de albedrío tiene la calidad de que éste no puede ser determinado a una acción por ningún motivo impulsor si no es tanto que el hombre ha admitido tal motivo impulsor en su máxima (1793: 31- 33).

La vida en el campo de concentración enfrenta constantemente al individuo con la posibilidad de elección, en un *status quo* en el que la corrupción de la voluntad es la normalidad. El nazismo condensa la expresión del Mal como industria de la muerte, ese es un hecho incontestable, pero Semprún pretende ir un paso más allá, despejando la memoria y el impacto del horror para llegar a la base: "Por doquier, cualquier lugar es apto para que el mal absoluto, radical diríamos en terminología kantiana, despliegue sus artes y artimañas, su violencia encubierta o cínica. En cualquier lugar, en el que exista al menos un ser humano" (Semprún, 2011: 379-380). La experiencia del Holocausto, no se debe ver como un hecho aislado, como un horrible paréntesis único en la historia de la humanidad, sino como una expresión de la volición humana. Es una posibilidad ejercida libremente. Semprún, como Kant, también rechaza las teorías de lo que denomina "el humanismo beatífico" (2011: 380) que achacan la corrupción al influjo de la sociedad.

Esta tesis que el autor desarrolla, liberando al sujeto de los límites de su naturaleza o de un posible dios, y depositando toda la responsabilidad en él mismo, busca ser esperanzadora. Prueba de ello sería que, en un espacio concebido para la deshumanización y anulación sistemática de la voluntad, algunos individuos son capaces de conservar su libertad y de obedecer a esa máxima de deber, aunque ello pueda suponer su propia muerte. Semprún alude a esos compañeros que, de diversas formas, ponían en riesgo su vida para darle un último aliento al prójimo: "La experiencia del mal radical, cuyo reverso fue (tiene razón Malraux) la experiencia de la fraternidad, fue también por ello mismo, experiencia de la resistencia" (Semprún, 2011: 380). Por consiguiente, si el ser humano es ese sujeto capaz de ceder a esa propensión al mal – siendo la creación de los campos de concentración su expresión más radical – este es solo uno de sus proyectos vitales posibles. Semprún quiere dejar constancia de que el ser humano es, igualmente, aquel que orienta sus acciones a su disposición al bien:

> El Mal no es lo inhumano, por supuesto... O entonces es lo inhumano en el hombre... La inhumanidad del hombre, en tanto que posibilidad vital, proyecto personal... En tanto que libertad... Resulta por eso irrisorio oponerse al Mal, tomar las distancias al respecto, a través de una mera referencia a lo humano, a la especie humana... El Mal es uno de los proyectos posibles de la libertad constitutiva de la humanidad del hombre... De la libertad en la que arraigan a la vez la humanidad y la inhumanidad del ser humano... (Semprún, 1995: 104).

En este sentido, Jorge Semprún deja un mensaje alentador: el Mal Radical y el Bien Radical tiene el mismo origen, pues son el resultado del ejercicio de su libertad.

Malraux, André

André Malraux (1901-1976), escritor, crítico, historiador y político francés que tiene un gran papel en su época gracias a su compromiso y activismo.

Conocido por haber sido un mal estudiante en su juventud, pronto decide abandonar los estudios para empezar a descubrir el verdadero mundo y formarse culturalmente de manera autodidacta. En Francia, frecuenta los círculos vanguardistas, se relaciona con autores como Fernand Léger o Max Jacob y participa en la *Nouvelle Revue Française*. Sus viajes a Oriente influyen en su pensamiento y le inspiran para crear obras como *La tentación de Occidente* (1926), *Los conquistadores* (1928), *La vía real* (1930) o *La condición humana* (1933) por el que recibirá el premio Goncourt el 7 de diciembre del mismo año. Con el avance de los totalitarismos en Europa, empieza a participar de manera más activa en la política y la militancia antifascista. Su obra *El tiempo del desprecio* (1935) aparece tras la llegada al poder de Hitler y *La Esperanza* (1937) nace de su participación en la guerra civil española. Entre 1945 y 1946, se integra en el gobierno de Charles de Gaulle como ministro de Información y en el año 1958 como ministro de Cultura. En 1962, crea la conocida como "Ley Malraux" que buscaba proteger el patrimonio arquitectural francés permitiendo la restauración de antiguos barrios.

Asimismo, publica interesantes obras de crítica y teoría artística como *Los museos imaginarios de la escultura mundial* (entre 1952 y 1955), *La metamorfosis de los dioses* (1957) o *El triángulo negro* (1970); y sus famosas y polémicas *Antimemorias*, cuyo primer tomo aparece en 1967.

Las novelas y el pensamiento de André Malraux son indispensables para Jorge Semprún y son muchas las obras en las que se refiere a la claridad de su pensamiento y a su deuda con él. Es, por ejemplo, a través de *La esperanza* que Semprún comienza a comprender el comunismo como un compromiso total que conlleva, no solamente la creencia ideológica, sino también la llamada a la acción. En esta novela halla lo que denomina un canto a esa fraternidad que envuelve a los combatientes del bando perdedor, una epopeya que se vuelve indispensable en ese momento de su vida en el que él mismo se siente como un combatiente humillado, despojado de su tierra. Posteriormente, en una segunda lectura más profunda, llega a ese sustrato filosófico que se halla en su esencia. En un artículo publicado en el periódico El País, en agosto de 2003, afirma que se trata del libro más importante del siglo XX. Según el autor, Malraux no sólo escribió una apología del comunismo, sino que también incluyó su crítica. Resulta imposible referirse al siglo XX sin aludir al fascismo y al comunismo, por lo que se encuentran en esa novela las claves de esa época expresadas con una claridad y una capacidad de emoción mucho más relevantes que cualquier estudio científico que se pretenda aportar. En este sentido, en dicho artículo, Semprún se sorprende al ver cómo muchas personas se detienen a analizar los

posibles pormenores de las hazañas relatadas en sus memorias, así como su vera-
cidad absoluta, en lugar de ahondar en lo realmente importante:

> Desde el punto de vista de la coherencia histórica, de la veracidad psicológica de los perso-
> najes, la versión de Malraux no sólo es más bella, sino también más convincente, por más
> rica en datos objetivos y verosímiles vislumbres filosóficos.

> Por muy mitómano que fuera – todos los escritores lo somos algo - ¿quién estuvo en Ma-
> drid, a los pocos días del alzamiento fascista de Franco, con la decisión de crear una escua-
> drilla de aviación republicana?, ¿quién creó esa escuadrilla y asumió su mando? ¿No fue
> André Malraux? (Semprún, 2003).

Lo cierto es que, aunque el enfoque de la obra de Malraux y el de Semprún difiere
en muchos aspectos y son pocas las coincidencias entre sus vidas, les une algo
mucho más sustancial: el deseo de una vida representada no solo por sus ideas sino
también por sus acciones y una escritura que se nutre de esa misma concepción. Es
en la causa azarosa que empuja a la acción donde el ser humano se conoce verdaderamente, por ello "tout son génie vient de l'accord entre les expériences d'une vie
liée aux constellations de l'Histoire et des possibilités latentes d'expression" (Picon,
1953: 11)[3]. En referencia a la obra de Malraux, Pico (1953) describe la importancia
que tienen sus experiencias vitales en su escritura. A pesar de que en sus primeras obras ya se encuentra el germen del gran autor en el que habría de convertirse,
es tras su participación activa en la Historia cuando sus obras empiezan a expresar la densidad trágica del hombre enfrentado a un destino azaroso que le enseña
realmente quien es. Esta reflexión puede aplicarse igualmente a Jorge Semprún. En
ambos casos sus historias, productos del encuentro con la Historia, son el legado de
una generación que observa como sus destinos individuales se ven modificados por
el destino colectivo. Un sino que los dos aceptan a través de la acción y que se refleja
en una escritura en la que se mezclan individualidad y colectividad:

> Ce qui rend le cas de Malraux si singulier, c'est que peut-être ne fait-il que se chercher
> lui-même, mais il se rencontre dans la réalité historique la plus immédiate et la plus
> générale; il ne voit et il ne décrit que lui et il voit et il décrit les événements les plus
> importants, ceux qui manifestent son époque et décident de l'avenir. Qu'il ne crée rien
> d'autre que son univers, soit, mais le mouvement de cet univers intérieur coïncide avec

---

3 "Todo su genio nace del acuerdo entre las experiencias de toda una vida unida a las
   constelaciones de la Historia y de las posibilidades latentes de expresión" (Traducción
   propia)

celui de l'histoire, et, de la sorte, il crée aussi l'histoire, c'est-à-dire le sens de l'histoire
(Blanchot *apud* Picon, 1953 : 185).[4]

En *La escritura o la vida* (1994), Semprún reproduce una reflexión compartida
con un compañero sobre la obra de Malraux, en la que concluyen que lo esencial
sería la meditación, dialogada y novelada, que realiza en todos sus libros sobre
el sentido de la vida. Meditación que, según el autor, encontraría su momento
cumbre en *La lutte avec l'ange* (1943).

Asimismo, Semprún alude al trabajo constante que Malraux realiza sobre su
vida y su obra "ilustrando la realidad mediante la ficción y ésta mediante la densidad de destino de aquélla, con el fin de destacar sus constantes, sus contra-
dicciones, su sentido fundamental, a menudo oculto, enigmático o fugaz". Este
trabajo elaborativo de la vida a través de la literatura es, sin duda, el mismo que
realiza Semprún por medio de todos sus testimonios literarios, autoficciones,
charlas y conferencias. Lo esencial en Semprún, como en Malraux, es la búsqueda de "la región crucial del alma donde el Mal absoluto se opone a la fraternidad". La escritura, las lecturas, las reflexiones solitarias o compartidas, la
militancia a través de múltiples formas, todo ello, en esencia, conduce siempre a
la comprensión del destino y a la lucha contra el Mal.

Memoria

La memoria es un término clave en la obra sempruniana, como lo demuestra
la pluralidad de categorías que pueden rastrearse (Fernández, 2004). En primer
lugar, se halla una memoria denominada como fáctica, es decir, aquella que se
encarga de las acciones, de la organización del tiempo y el espacio, en suma, de
enmarcar las experiencias vividas. A continuación, cabe hablar de la presencia
de una memoria inhibida que hace referencia a los años de silencio y de amnesia voluntaria, en los que tuvo que sumirse para poder sobrevivir. La liberación del campo de Buchenwald sitúa al autor en la tesitura de decidir si existe la
posibilidad de comenzar el relato de lo vivido, si las personas están preparadas

---

4   Lo que convierte el caso de Malraux en algo tan singular es que quizás no haga otra
    cosa que buscarse a él mismo, pero se encuentra en la realidad histórica más inmediata
    y general; no ve ni describe nada más que a él mismo y observa y describe los sucesos
    más importantes, los que manifiestan su época y deciden el futuro. Es posible que no
    cree nada más que su universo, pero el movimiento de este universo interior coincide
    con el de la historia y, en ese sentido, crea también la historia, es decir, el sentido de la
    historia" (traducción propia)

para comprender y escuchar dicho relato, y sobre todo si ello conlleva seguir sumido en la vivencia de la muerte. Esa elección entre "la escritura o la vida", lo lleva a escoger el camino de la acción política. En tercer lugar, se encuentra la memoria literaria, caracterizada por un diálogo imprescindible a través de alusiones, referencias y citaciones de otros autores. Esta intertextualidad actúa en el plano vivencial como un sustento anímico que permite al escritor evadirse de la realidad, y en el plano narrativo, como el artificio necesario para facilitar la comprensión de los hechos. Finalmente, la memoria crítica, realiza una revisión de los episodios clave de la historia.

Es la sinergia de todas esas memorias la que caracteriza la totalidad de la obra de Semprún. Sus novelas se empapan de los innumerables recuerdos de una vida llena de vicisitudes que le sirven de inspiración. En su escritura, realiza un interminable trabajo de rememoración y elaboración de los recuerdos que le lleva a retomar los mismos episodios desde diferentes ángulos y perspectivas, tejiendo de ese modo una delicada red de asociaciones en el conjunto de su obra. El autor se refiere al funcionamiento de la memoria como el de una muñeca rusa, cuya abertura siempre lleva a una nueva, idéntica pero diversa, volviendo interminable el proceso de escritura.

Museo

Michel Foucault en su obra *De los espacios otros* (1984), calificaba su época – en contraposición con el siglo XIX obsesionado por la historia – como la época del espacio. Un espacio que no es una innovación en sí misma, pues ya en la Edad Media se rastrean toda una serie de tradiciones y de rituales en torno a ello, pero que, en el siglo XX, ocupa el centro de las grandes preocupaciones, bajo la noción de emplazamiento. Dentro de dicha noción, se enmarcan muchos aspectos como la demografía, pero, por su relación con el universo sempruniano, destaca lo que Foucault denomina las heterotopías.

Las heterotopías, presentes bajo diversos aspectos en toda cultura, podrían definirse como espacios efectivos, es decir, con un emplazamiento real a diferencia de las utopías; diseñados en el seno de la propia institución de la sociedad con el objetivo de albergar, cuestionar e invertir todas las representaciones culturales. Entre los diversos tipos de heterotopías, están los museos: un elemento indispensable de la sociedad y un motivo recurrente en la obra de Semprún.

Las heterotopías tienen varios principios como su variedad morfológica, la evolución de su función a lo largo del tiempo, su capacidad de yuxtaponer espacios a priori incompatibles y que su plena función se da a través de la ruptura con el tiempo en su sentido tradicional. Existe una organización y relación compleja entre heterotopía y heterocronía que, en el caso de los museos y bibliotecas, ha sufrido una evolución. Si en los siglos XVII y XVIII constituían la expresión de una selección, a partir del siglo XIX pasan a ser una acumulación infinita:

> La idea de construir una especie de archivo general, la voluntad de encerrar en un lugar todos los tiempos todas las épocas, todas las formas, todos los gustos, la idea de constituir un lugar de todos los tiempos que esté fuera del tiempo, e inaccesible a su mordida, el proyecto de organizar así una suerte de acumulación perpetua e indefinida del tiempo en un lugar inamovible (Foucault, 1984: 5).

Se trata, pues, de una heterotopía eternizante. Por este principio de eternidad la selección y disposición de las obras en el Museo del Prado es una de las grandes obsesiones de Semprún, tal y como deja patente en varias de sus obras. En *Federico Sánchez se despide de ustedes* (1993) expone su descontento con el primer emplazamiento que tuvo el Guernica de Picasso en un anexo del Prado, protegido por una especie de casamata de vidrio que negaba al espectador la perspectiva adecuada y, por tanto, deformaba el enfoque mental que debía tener. Su propuesta es instalarlo en una sala del Prado, de manera que el visitante se encuentre con él al salir de la sala de la pintura negra de Goya, lo que le aportará una nueva legibilidad de la tradición pictórica española y de su relación con la modernidad. Ante la dificultad de adecuar las salas del Prado, propone como segunda opción una escenificación en la sala del Buen Retiro, llevando *La rendición de Breda* de Velázquez y *Los fusilamientos del 3 de mayo* de Goya.

La elección que Semprún propone de estas tres obras concretas es muy significativa y nos lleva a otro principio de las heterotopías que es aquel que señala que son, respecto del espacio restante, una función. Dicha función se despliega entre dos polos extremos: uno de ilusión, que sirve para denunciar los espacios reales como ilusorios; y otro de compensación, con que se crea un espacio que iguala en meticulosidad y perfección, el desorden y la mala administración del espacio real. En este sentido, en un homenaje a Semprún en el Prado, Miguel Zugaza hablaba de la exposición del arte motivada por competencia metafórica que lo transforma en una cuestión moral que sitúa al hombre contemporáneo frente a la realidad y a la historia. En sus memorias, Semprún utiliza el Prado como una heterotopía para crear una disposición evocadora concreta que permita al lector profundizar e indagar en su función.

En *La rendición de Breda*, Velázquez usa todos los elementos del cuadro para narrar un contenido concreto. Lejos de ofrecer una visión idealizante o heroica del conflicto bélico, tras la entrega de la llave del enemigo vencido, dispuesta en primer plano para acentuar el principio de la paz más que el fin de la guerra, en segundo plano el paisaje nos da cuenta de los desastres, de la destrucción, en suma, de la guerra y sus miserias.

Los fusilamientos del 3 de mayo hacen hincapié en las víctimas de los desastres, el pueblo, el eterno perdedor, a merced de aquellos que inician los conflictos y se benefician de ellos. En este cuadro, el valor, el miedo, la resignación o la desesperación plasmada en los rostros de los que siguen vivos, se une armoniosamente a la quietud sombría de los muertos en primer término. Los soldados, fríos, sin rostro, sin expresión, también ellos marionetas en realidad, perfectamente alineados en contraposición con las víctimas, desordenadas, humanas, entre las que destaca un hombre, heroico, con esa camisa blanca resplandeciente y los brazos en cruz que llama la atención del espectador y parece reclamarle algo, con su expresión de incomprensión.

El Guernica, nacido a causa de los bombardeos en nombre de todos los gobiernos totalitarios de la época, pero que desborda y rebasa la experiencia concreta para convertirse en expresión universal de la barbarie y el terror. Se trata de un emblema de repulsa ante cualquier suceso de violencia o vulnerabilidad de la población civil. Claramente, la obsesión de Semprún por la disposición de estas obras no es injustificada; es comprensible, es necesaria.

Es de vital importancia para la construcción de una Europa diferente, que rechace el mal y se una en un proyecto común, aprendiendo de su pasado, tomando nota del legado que se le entrega.

A través del arte, como sustento espiritual, como lenguaje que supera lo indecible, como testimonio de la historia, como heterotopía eterna, Semprún nos ofrece con sus escritos una vuelta a la esencia de Europa, esto es, algo construido contra el fascismo y contra el estalinismo; el símbolo de una memoria y de una experiencia adquiridas con duro esfuerzo. Un retorno al origen en un mundo que duda y se transforma: la elección entre guerra y paz, entre totalitarismo y democracia, entre el repliegue sobre sí y la apertura.

PCE (Partido Comunista Español)

Liberado del campo de concentración de Buchenwald, incapaz de continuar en la memoria del horror y emprender el relato de lo vivido y ante la permanencia de España en la dictadura franquista, Semprún decide afiliarse al Partido Comunista Español.

A partir de 1948, el PCE abandona la lucha a través de las guerrillas y se vuelca en la oposición política a la dictadura. Para ello, realiza diversas iniciativas de captación de militantes, organización de sindicatos y movilización de intelectuales. En este sentido, Jorge Semprún es un candidato perfecto para cumplir con esta nueva estrategia, pues se trata de un joven intelectual, políglota y sin antecedentes. En 1953, realiza su primer viaje de captación, visitando las ciudades de Barcelona, Valencia, Madrid y San Sebastián y, a partir de ese primer reencuentro con su país natal, los viajes se vuelven habituales. Durante los nueve años que dura su aventura clandestina vive bajo diversas identidades como Jacques Grador, Rafael Artigas, Gérald Sorel, Agustín Larrea, Rafael Bustamante, Ramón Barreto, Camille Salagnac y, sobre todo, Federico Sánchez, que le permiten cruzar la frontera franco-española sin levantar sospechas. Contacta con antiguos comunistas y camaradas que habían sido encarcelados, frecuenta los centros culturales y universidades y llega a crear un dilatado y heterogéneo grupo de intelectuales dispuestos a plantar cara al régimen de Franco.

Semprún, el hombre más buscado por la policía franquista, se convierte en un hombre de peso dentro del partido y, en 1956, entra en el Comité Ejecutivo. La policía franquista solo dispone de uno de sus alias, Federico Sánchez, pero desconoce cualquier rasgo físico o información personal. De hecho, es solo en 1963, cuando Semprún se encontraba a salvo en Francia, cuando descubren su identidad gracias a la información proporcionada por un detenido.

La Huelga Nacional Pacífica (HNP) del 18 de junio de 1959, considerada como un éxito por Santiago Carrillo y la dirección del partido en el exilio, pero un fracaso por integrantes como Jorge Semprún o Javier Pradera, da inicio a las discrepancias sobre la estrategia del PCE. Semprún y Fernando Claudín comienzan a cuestionar las tesis del Comité Central y del Ejecutivo, desencanto que crece por el descubrimiento de la realidad soviética.

Semprún comienza a darse cuenta de la evolución que ha sufrido la sociedad española en los últimos años y, por tanto, de la ineficacia de las propuestas del partido que ignoraban esa transformación y se habían quedado ancladas en el pasado:

> Un buen día, en la plaza de España, hacia finales de los 50, me di cuenta de que algo había cambiado definitivamente. Había allí chicos y chicas que volvían de pasar el día en el campo, y por su forma de tratarse, por su frescura, por el color de sus ropas y sus ademanes, comprendí que ya no era la España contra la que luchábamos los comunistas. Existía una clase media, ya no eran los tiempos del hambre y de la terrible represión. Había que cambiar de estrategia (Rojo, 2003; Cortanze, 2004: 120-121).

En *Autobiografía de Federico Sánchez* (1977), reflexión sobre su época en el PCE, en la que aborda las luces y las sombras del proyecto político comunista, se muestra muy crítico con el empeño de los máximos dirigentes del partido en continuar con una estrategia que no solo se ha mostrado ineficaz en el pasado, sino que, además, no contempla los cambios de la situación del país:

me deja totalmente frío que sigan dirigiendo el partido los que se equivocaron en el 64 y han seguido equivocándose desde entonces: los que nunca habrán visto cumplirse un pronóstico ni una previsión que hubieran hecho: los que no tienen más mérito que el de haber sobrevivido a todos sus errores: empujados hacia delante por el flujo de una historia que ni comprenden cabalmente ni dominan: los que siguen sin embargo creyendo que son los demiurgos de la realidad y que terminarán convencidos de que la muerte de Franco es el resultado de su estrategia (1977: 39).

La denominada HNP, Huelga Nacional Pacífica, o, en ocasiones, HGP, Huelga General Política, es para el autor un gran fracaso del partido que no ha querido aceptar o no ha sabido entender la realidad y sobre la que, paradójicamente, se han sustentado durante años. La crítica central se halla en la incapacidad que una huelga alberga en su naturaleza misma en el contexto de una dictadura afianzada. Lejos de ser una herramienta efectiva, con algún tipo de poder real para transformar la vida de la sociedad, se había convertido en el objetivo principal de la estrategia comunista. La huelga, especie de Espíritu Absoluto hegeliano, permitía a los dirigentes habitar un espacio de representación ilusorio que no tenía ningún efecto sobre la realidad al ser un movimiento En-sí y Para-sí: "como si bastara modificar el universo de las representaciones, adelantando o retirando tal o cual consigna, para modificar el universo opaco y resistente de la realidad" (1977: 80). Si los movimientos de paro como los que se produjeron en Bilbao el 1 de mayo de 1947 tuvieron cierta acogida, no fueron en absoluto un golpe definitivo para el franquismo como defendió posteriormente el PCE. El autor lamenta las lecturas marcadas por un subjetivismo idealizante que se realizaban de cada acción política. Lo cierto es que los años que siguieron a ese alzamiento en el País Vasco estuvieron marcados por el desmantelamiento de muchas organizaciones del partido por parte de la policía franquista y, hasta 1951 en Barcelona, no vuelve a tener lugar ningún alzamiento de gran magnitud. Por otro lado, aunque la población se movilizara lo suficiente como para poder dar un verdadero giro a la realidad, igualmente habría fracasado pues los objetivos que se perseguían ignoraban la verdadera estructura económica española durante el franquismo y la dinámica de sus clases sociales. Por lo tanto, nuevamente el partido se hallaba ensimismado en su propia mitología subjetiva.

Junto a estas desavenencias con el PCE, se une el hecho de que, en 1956, año en el que se publica el informe de Kruschev en el XX Congreso del PCUS, se descubre la realidad atroz que había definido el régimen de Stalin y, por tanto, aparece la gran desilusión ideológica con el comunismo en general. En su autobiografía, Semprún evoca el nacimiento de su compromiso político en la juventud, tras las lecturas de Marx, Lukács o Hegel que lo convirtieron en un intelectual revolucionario. El autor rescata la ilusión de esa época en la que conservaba un espíritu crítico e independiente que, desgraciadamente, poco a poco se fue perdiendo por el funcionamiento del partido que exigía una fe ciega. Por su experiencia, se concluye que no había espacio para aquellos que se negaran a seguir las directrices de la cúpula y se obcecaran en expresar opiniones contrarias. Para esos militantes, el único camino posible era la propia autocrítica o la expulsión y, de hecho, en 1964, el Buró político se reúne en Praga y deciden su expulsión primero de los órganos directivos y, en 1965, del partido. En cualquier caso, a pesar de la decepción final y del descubrimiento del fracaso comunista, Semprún conserva el agradable recuerdo de ese joven idealista, todavía puro, que luchó para cambiar el destino de Europa y que veía

> La clandestinidad, no sólo como aventura, o sea como placer o goce de situarse fuera de toda norma, sino como camino hacia la conquista de una verdadera identidad. La política como destino individual, o sea como horizonte que no tiene por qué ser esencialmente el de la victoria y de la conquista del poder, perspectivas siempre secundarias o derivadas, sino como un arriesgarse y realizarse, tal vez a través de la muerte libremente contemplada. La libertad, precisamente, como factor decisivo de todo compromiso político y existencial (1977: 100)

Patria

La cuestión de la patria es sin duda una de las más complejas para un personaje con la trayectoria vital de Jorge Semprún. España, en tanto país de nacimiento, debería ser en teoría su patria, sin embargo, el golpe de Estado que provoca la guerra civil y el exilio, terminando en la imposición de un régimen dictatorial que durará cuarenta años, imposibilitan que pueda identificar su patria con esta tierra. En segundo lugar, podría pensarse en Francia, tierra que lo acoge durante su exilio, donde vive su periodo de formación académica y se recompone de su pérdida identitaria. No obstante, el propio autor ha expresado en varias ocasiones que no es tanto el país en sí mismo, como la lengua y cultura francesa las que actúan como un soporte moral e identitario tras la dura experiencia del exilio. Es en la literatura donde encuentra un territorio de conquista y superación, por lo que no se puede decir con propiedad que Francia sea su patria. Además, a pesar de cumplir con todos los requisitos, nunca pensó en pedir la nacionalidad francesa. Descartados los dos territorios en los que residió y que tuvieron un papel importante en su vida, ¿cuál puede ser entonces la patria de Jorge Semprún? El autor trata este tema de forma directa en su conferencia "Una tumba en el seno de las nubes", pronunciada el 9 de octubre de 1994 en Fráncfort. Antes de confesar cuál es su patria, deja claro que se trata de un término complejo, que debe tratarse con sumo cuidado, pues los excesos de arrogancia le niegan la posibilidad de ser esa vía de acceso a la universalidad de la razón democrática que debe ser. Es necesario hablar de patria sin que el sentimiento de pertenencia de los individuos se convierta en un factor que conlleve la exclusión. Acto seguido, pasa a considerar la afirmación del escritor Thomas Mann según la cual la patria de un escritor es la lengua. Una afirmación insuficiente para él, puesto que su bilingüismo le impide anclar su patria en una lengua concreta. Sin embargo, no es en una lengua concreta, sino en el lenguaje donde sí puede encontrar un territorio de pertenencia, un espacio en el que reconocerse y sentir como propio. Semprún considera que el lenguaje proporciona dos herramientas fundamentales; por un lado, la posibilidad de comunicarse socialmente y, por otro, la invención lingüística. A través del lenguaje, el ser humano no solamente es capaz de representar el universo en el que se inserta, sino que además es capaz de modificarlo. Es en ese intercambio y en esa posibilidad de mejora donde subyacen los valores en los que realmente cree: la justicia, la libertad, la solidaridad y la mejora continua de la sociedad, esos son los valores que conforman lo que considera una patria y, por tanto, son los pilares que agitan su lucha y por los que estaría dispuesto a luchar y a morir.

Semprún Gurrea, José María

José María Semprún Gurrea (1893-1966) fue profesor, abogado, escritor, político y padre de Jorge Semprún.

Doctor en Derecho, ejerció como catedrático de Filosofía del Derecho en la Universidad de Madrid. Asimismo, fue uno de los fundadores de la revista *Cruz y Raya*, creada en abril de 1933, paralizada por el estallido de la Guerra Civil española, y retomada en 1960 cuando José Bergamín funda la colección "Renuevos de Cruz y Raya". *Cruz y Raya* aparecía subtitulada como una "revista de afirmación y negación" y daba voz a un grupo olvidado o ignorado habitualmente por la historia, el de la izquierda católica española.

Durante el final de la monarquía, forma parte de la plataforma Agrupación al Servicio de la República, y se une al partido Derecha Liberal Republicana, encabezado por Niceto Alcalá Zamora. En el primer gobierno provisional republicano ocupa el cargo de gobernador civil, primero de Toledo y, posteriormente, de Santander.

Durante el exilio junto a su familia, en 1936, consigue un puesto como agregado de negocios de la embajada de la República española en La Haya. Se mantuvo siempre fiel a la causa republicana e intentó cambiar la imagen que el exterior tenía sobre los republicanos españoles, a través de la publicación de diversos artículos, entre los que destacan "Espagne: Origines et aspects de sa jeune République", publicado en la revista Esprit en 1933, en el que busca acercar al público francés la realidad de la sociedad española; y "A Catholic Looks at Spain", originalmente escrito en español el 1 de noviembre de 1936 para la revista Esprit, y traducido y publicado por la embajada española en Londres el 3 de febrero de 1937.[5]

El retrato que Jorge Semprún dibuja de su padre en sus novelas fluctúa entre la admiración y el resentimiento. Admiración por un hombre que se mantuvo fiel a sus ideales hasta el final, como atestigua la identificación paterno-filial, a pesar de la distancia, el día en que Franco anuncia el final de la guerra civil, o la utilización de publicaciones de su padre para defender la importancia de comprometerse con algún tipo de causa imperfecta[6]; y resentimiento por sus muestras de debilidad y su incapacidad para hacer frente materialmente a la nueva situación de su familia: "el exilio y la derrota lo habían convertido en una especie de proletario, o de desclasado de la *intelligentsia*, arrojado a un desamparo casi total" (Semprún, 1998: 97).

Incluso en los recuerdos de la infancia, existe siempre un sentimiento doble hacia él pues si, por un lado, es el padre inteligente con el que compartía preciados momentos en el Museo del Prado o recitando poesía, por el otro, también es el hombre que, poco después de la muerte de su madre, se casa con Annette Litschi, la cruel institutriz que lo humillará y torturará.

A causa de estos contradictorios sentimientos y del alejamiento de la familia durante el exilio, a lo largo de su vida, Jorge Semprún se ampararerá en otras figuras paternales más heroicas y dignas de admiración como Jean-Marie Soutou o Paul-Louis Landsberg.

Seudónimos

Jorge Semprún es un hombre polifacético que parece haber vivido diferentes vidas en una sola trayectoria vital. Uno de los símbolos que mejor dan cuenta de este aspecto que lo caracteriza se encuentra en el uso de seudónimos. El autor emplea diferentes nombres que le sirven para mantener en secreto su identidad durante la Resistencia antifascista o la clandestinidad antifranquista, así como

---

5   Para profundizar en la figura de Jorge María Semprún Gurrea consultar el artículo Iturralde, Xavier (2014). "José María de Semprún Gurrea, católico y republicano" en *Spagna contemporánea*, n°46, pp.127-144.

6   Semprún, Jorge (2007) "Por las causas imperfectas. Un recuerdo del papel de 'Esprit' y Emmanuel Mounier" en *El ciervo: revista mensual de pensamiento y cultura*, N°670, pp.8-9.

para protegerlo en el momento de afrontar ante un papel la narración de sus vivencias más traumáticas. En ocasiones, algunos seudónimos cumplen ambas funciones y se encuentran en sus novelas los nombres que en el pasado le sirvieron en momentos cruciales.

En 1943, Semprún comienza siendo Gerard Sorel; en apariencia un simple jardinero, pero en la realidad un militante de la resistencia que se encarga de recoger las armas que los compañeros dejan caer en paracaídas. Esta identidad terminará con su arresto, tortura y deportación a Buchenwald por la Gestapo. En el campo de concentración se verá obligado a llevar una nueva identidad, la del preso 44.904. Posteriormente, con la publicación de su primera novela *El largo viaje* (1963), Semprún ofrece, a través de un personaje llamado Gérard, el testimonio del trayecto en el tren de mercancías que lo llevaba junto a otros deportados desde la estación de Compiègne hasta Buchenwald.

Otro de los nombres que utiliza tanto en su vida real como en una de sus novelas es Juan Larrea. Se trata de un seudónimo empleado primero durante la clandestinidad antifranquista y después como protagonista de *La montaña blanca* (1986). Esta obra no corresponde al género del testimonio literario, sino que se trata de una novela de ficción en la que, sin embargo, el personaje actúa como una suerte de alter ego que posee claras similitudes con la vida del autor. Concretamente, parece relacionarse con la época posterior a la liberación del campo de concentración cuando Semprún todavía no era capaz de hablar y contar sus vivencias. Pocas personas en la vida de Juan Larrea conocen su pasado en el campo y, al igual que Semprún lo describe en *La escritura o la vida* (1994), a pesar de sus intentos por borrar y superar el pasado, un pequeño detonante como la visión de una ráfaga de humo saliendo de una chimenea es suficiente para desencadenar el recuerdo del trauma, para devolverlo a la realidad de lo vivido y hacerle incluso dudar de estar vivo:

> Me llamo Juan Larrea, y estoy vivo. ¡Vivo!, acabó por gritar, bajito, en el estruendo glacial de su sangre.

> Pero por mucho que trate de aferrarse a estas evidencias, no hay nada que hacer. El humo se extendía por el paisaje igual que antaño sobre el bosque de hayas: era el humo del crematorio y él lo contemplaba más allá de su propia vida. ¿O más acá? (1986: 43).

Si bien en el caso de Larrea la decisión de permanecer en silencio no lo ha llevado a la militancia política, coinciden en la sensación de no haber superado la muerte, sino de haberse convertido en aparecidos, en muertos en vida que fingen ante los demás llevar una existencia normal: "moverse, hacer gestos, beber alcohol, decir palabras cortantes o matizadas, acariciar a las mujeres, escribir incluso – pero aquello era otra historia – como si de verdad estuviese vivo" (1986: 109). Como ocurre con todos los eventos traumáticos, no es posible enterrarlo e impedir su elaboración, pues siempre encuentra la forma de volver. Esta vida fingida que representa será insuficiente para seguir adelante y el protagonista terminará su historia con su suicidio en las aguas del Sena el 24 de abril de 1982, es decir, el día del aniversario de la liberación de los campos de concentración.

El mismo triste final compartirá Rafael Artigas, seudónimo durante la clandestinidad y protagonista de la novela *La algarabía* (1981). Rafael Artigas actúa nuevamente como un alter ego novelesco del autor que le concede la distancia necesaria para poder hablar de temas íntimos y dolorosos como la enfermedad y muerte de su madre. Se trata de "un personaje imaginario que me permitía asomarme a mis obsesiones más personales – y en ocasiones más inconfesables: cuando menos, inconfesadas" (1998: 47).

Como ocurre en el caso de Larrea, la vida de Rafael Artigas termina con una muerte trágica, a modo de liberación catártica:

> Natural y deliberadamente mato al personaje que en cierto modo se me parece más, porque no sólo se me parece mucho, sino que incluso le doy el nombre de uno de mis seudónimos de la clandestinidad: Rafael Artigas. Lo decisivo es que yo termino matando ese personaje y quedo libre, quedo libre de mí mismo, en cierto modo (Semprún, 1986).

Por otro lado, a lo largo de su vida Semprún utiliza otros seudónimos como el de Santiago, protagonista de *Soledad*, su primera obra de teatro; George Falcó, nombre con el que escribe artículos en las revistas del Partido Comunista Español; Jacques Grador, identidad que le permite entrar en España en 1953 de forma clandestina; o Camille Salagnac, personaje de la novela *Aquel domingo* (1980), entre otros.

Aunque, sin duda, la identidad más importante para el autor será la de Federico Sánchez, pues es la que mejor representa lo que fue su vida durante la etapa en la clandestinidad comunista, es decir, su vida tras la liberación del campo de Buchenwald, cuando decide convertirse en Federico Sánchez para eludir la memoria de la muerte. En *Aquel domingo* (1980) confiesa la satisfacción que le produce este seudónimo lleno de trivialidad. El apellido Sánchez, hartamente popular y común, le otorga cierta sensación de libertad. Recién salido del campo, con una memoria que desea dejar relegada al silencio para poder sobrevivir, este anodino apellido que no evoca nada para nadie es una puerta abierta hacia el futuro. Jorge Semprún lleva una traumática carga a sus espaldas, pero a Federico Sánchez le espera todo un porvenir lleno de lucha y esperanza.

Este nombre será empleado en el título de dos testimonios literarios. El primero, *Autobiografía de Federico Sánchez* (1977) es una concienzuda reflexión sobre su época en el Partido Comunista Español, en la que trata los claros y los oscuros de la organización, y del comunismo en general. Semprún se refiere a sus inicios, a las ilusiones y esperanzas que los movían al principio, pero también al descubrimiento de los horrores del estalinismo y a los desencuentros con la deriva estratégica del partido español. El segundo, *Federico Sánchez se despide de ustedes* (1993) aborda su época como Ministro de Cultura durante el gobierno socialista de Felipe González.

Todos estos nombres son el reflejo de una identidad fragmentada que, tras una vida marcada por el horror de los totalitarismos, se encuentra vacía y necesita recomponerse a través de un ejercicio de elaboración y escritura.

Silencio novelesco

En *La montaña blanca* (1986) se produce una reflexión sobre el valor de los silencios en la literatura y sobre la dificultad de plasmarlos en la novela en comparación con el arte dramático.

Mientras en las obras teatrales los silencios son indicados con total claridad en las acotaciones, no existe ningún signo tipográfico que permita representarlos con todas sus características. El protagonista, Juan Larrea, rememora una conversación a raíz de la necesaria inserción de los silencios en la reproducción de la *Conversaciones con Massaryk* de Karel Capek y como la imposibilidad de incluirlos condenaba a toda obra a quedar de alguna forma incompleta:

> En suma, y esto puede resultar paradójico a primera vista, un relato es incompleto cuando es demasiado amazacotado, demasiado homogéneo: monolítico. Porque le falta la porosidad, la respiración del silencio. La música del silencio no es inmanente al relato. Solo un lector sensible puede insertarlo en él, y aun así, es preciso que el escritor sugiera esa posibilidad (1986: 100).

Lo cierto es que la reflexión sobre la inserción del silencio en una novela como esta en la que el recuerdo de la memoria de Buchenwald es tan invasivo para el protagonista no es azarosa. Dominick LaCapra en su obra *Representar el Holocausto* (2008) se refería a la relevancia del silencio que la existencia de la Shoah plantea. El carácter inimaginable y de difícil conceptualización que caracteriza al Holocausto, tanto para aquellos que no lo vivieron como para las propias víctimas, hace que el silencio se convierta en un elemento clave para representarlo. LaCapra lo define como "una serie paradigmática de acontecimientos traumáticos relacionados de manera compleja con la cuestión del silencio que no es mero mutismo, sino que está intrincadamente vinculado a la representación" (2008: 234). Si bien Jorge Semprún no está haciendo referencia directa a la representación de Buchenwald, está tratando una cuestión fundamental esencialmente ligada a ella, a saber, que el silencio en la literatura no es falta de expresión, sino que al contrario posee un gran contenido expresivo. El silencio, difícilmente indicado literariamente a diferencia del teatro, sirve para conferirle al texto un determinado valor que completa su significado.

Testimonio (género)

No es posible hablar de la literatura y de los sucesos históricos que tuvieron lugar en el siglo XX sin tratar el tema del testimonio como género literario. En este sentido, Elie Wiesel llegaba a referirse a él como al legado que dejaba dicho siglo: "Si los griegos inventaron la tragedia; los romanos, la epístola; y el Renacimiento, el soneto, nuestra generación ha inventado una nueva literatura, la de testimonio" (Wiesel, 1990: 9).

Surgido del campo de la ley, si bien es posible rastrear sus huellas hasta la época clásica con el caso del *Edipo Rey* de Sófocles, como defiende Foucault (1974), lo cierto es que es a partir de la Primera Guerra Mundial cuando el testimonio se impone en el campo literario como un género legítimo para narrar y desvelar la verdad de los acontecimientos. Jean Norton Cru en sus obras *Du témoignage* (1930) y *Témoins* (1929) realiza el primer análisis teórico y afirma que esos relatos producidos por los propios combatientes son los únicos testimonios legítimos. En un contexto en el que los testigos observan cómo se manipula y deforma la realidad en función de ciertos intereses, deciden comenzar a contar para ofrecer una versión honesta de lo que estaban viviendo en el campo de batalla. Esta motivación que los lleva a iniciar sus relatos está en el centro de todos los testimonios literarios; la necesidad de dejar pruebas de lo que realmente ocurrió es una de las principales características del género. Continuando los estudios de Norton Cru, Renaud Dulong ampliará el concepto y ofrecerá una primera definición de lo que denomina el testimonio histórico:

> [El] testimonio histórico es este fenómeno contemporáneo: supervivientes de las tragedias masivas publican para el gran público lo que ellos han vivido, a veces para denunciar tal o cual responsabilidad, más frecuentemente para recordar a los desaparecidos, y siempre para que los ciudadanos tomen conciencia de lo que ha pasado y se movilicen contra el regreso de la barbarie (Dulong, 2004: 98).

A diferencia del testimonio ordinario, constreñido a la neutralidad y objetividad total, el testimonio histórico goza de una mayor libertad en cuanto a las técnicas narrativas pues se le exige que, junto a los hechos, transmita emociones y sensaciones para provocar una reacción en el lector y facilitar su comprensión:

El testigo histórico, por su parte, tiene por misión transmitir una experiencia límite, de hacer comprender el sufrimiento, la humillación, la repugnancia, la obsesión por la muerte y la voluntad de sobrevivir (…) debe provocar en quien lo recibe una reacción afectiva, un juicio de valor, un sentimiento que se puede explicitar con un "esto nunca más" (Dulong, 2004: 98-99).

Este primer paso de legitimación del género tiene un segundo momento clave gracias al juicio de Eichmann en 1961, mediante el cual el testigo, ya no solo es observador, sino que se convierte en memoria histórica viva. Asimismo, a partir de este suceso la sociedad parece estar dispuesta a escuchar lo sucedido en los campos de concentración, por lo que los supervivientes ven por fin abierta la posibilidad de comenzar a hablar de sus experiencias. Cabe recordar que, junto a la dificultad de componer un relato comprensible sobre un hecho inefable como el de los campos, una de las principales preocupaciones de los deportados tras la liberación es si la sociedad tendría la voluntad de escucharlos. Son muchos los testigos que en sus relatos relatan el rechazo que sufrían al intentar contar sus historias; ni siquiera sus seres queridos parecían poder aceptar que realmente hubieran existido los campos de exterminio bajo la ignorancia de la población o sencillamente preferían olvidarlo para poder seguir con sus vidas. El juicio de Eichmann supone una gran contribución en este sentido pues crea una especie de demanda social de los testimonios (Wieviorka, 2003).

El empleo del término testimonial no ha estado exento de polémica debido a la cuestión del uso del artificio por algunos autores, así como por la imposibilidad de ser verdaderos testigos, es decir, objetivos y totales, de la experiencia de los campos de concentración. Para sostener sus argumentos, muchos críticos se refieren a la afirmación de Primo Levi de que cualquier superviviente es un falso testigo, pues no ha recorrido la vivencia hasta su último término, esto es, hasta la muerte en la cámara de gas. En este sentido, Semprún (2005) señala que el mal empleo de las palabras de Levi recae en que se analice conceptualmente, y no literariamente, y conduce a un falso debate metafísico sobre la cuestión de la indecibilidad y del empleo del arte para conservar la memoria de lo sucedido. La literatura testimonial, con el legítimo uso del artificio, no solo es el único camino posible para hacer comprensible y verosímil lo sucedido, sino que, además, cuando desaparezcan de forma natural los supervivientes, será el único medio del que dispongan las futuras generaciones: "No hay otra posibilidad de memoria viva, capaz de enriquecerse sin cesar, si los futuros novelistas no se apoderan, con imaginación creadora de verdad, de aquella materia histórica" (Semprún, 2005). Finalmente, el autor sugería otra idea clave, a saber, que este debate no es simplemente literario, sino que "es también una cuestión histórica y política" (2005). La importancia de legitimar los testimonios literarios se relaciona con la necesidad que tiene la salud democrática de conservar y hacer comprensible la memoria histórica para su buen funcionamiento.

A modo de síntesis, podrían enumerarse como principales características del género las siguientes: la compartición de funciones pragmáticas comunes como denunciar ciertos sucesos históricos, dar voz a aquellos que no sobrevivieron, evitar su olvido y repetición y crear una conciencia histórica colectiva; el carácter inefable de la experiencia relatada; el valor terapéutico que tiene su escritura tanto para el superviviente como para la sociedad; y la legitimidad del uso del artificio literario para hacerlo comprensible y verosímil respetando su verdad esencial.

Tortura

La Gestapo, abreviatura de *German Geheime Staatspolizei*, es decir, policía secreta del estado, fue fundada por decreto el 26 de abril de 1933 por Hermann Göring, ministro del Interior. Se encargaba de garantizar el *status quo* del sistema nazi y de protegerlo de sus enemigos raciales y políticos. Para ello, disponían de una gran red que investigaba posibles intentos de rebelión, registraba domicilios sospechosos de esconder judíos o miembros de la resistencia, coordinaba la deportación hacia los ghettos y campos de concentración y empleaba brutales métodos de tortura durante los interrogatorios.

La obra sempruniana está invadida por la rememoración constante de los eventos cruciales que tuvieron lugar en su vida como la deportación, el exilio o el comunismo. Sin embargo, a pesar de esa profundización en los capítulos más traumáticos de su vivencia, no es hasta 2012, con la publicación de *Ejercicios de supervivencia*, que trata el tema de la tortura que sufrió durante nueve meses tras su arresto el 8 de octubre de 1943 por la Gestapo. Ese hecho es muy peculiar pues, como confiesa en el libro, la tortura lo cambió todo para él y lo acompañó hasta el final.

En este testimonio literario, el autor reflexiona sobre la distancia existente entre el saber abstracto y la vivencia. En primer lugar, menciona la figura de Tancrède, miembro de la Resistencia que había sobrevivido a las torturas de la Gestapo, el cual es descrito como una figura paterna. Tancrède le proporciona a Semprún ese saber que, aunque abstracto y por lo tanto incompleto para llegar a la comprensión del alcance de la experiencia de la tortura, le ayuda a prepararse mentalmente para un posible futuro. Su pedagógico discurso le ofrece toda una instrucción acerca de los métodos que solía emplear la Gestapo: los tipos de porras, la negación del sueño, del agua o de la comida, la utilización de la electricidad o de la bañera, eran algunos de los principales recursos.

A pesar de toda esa información proporcionada sobre las prácticas de tortura que podían esperarle en caso de una detención, no era más que lo que denomina un idealismo objetivo; ese conocimiento teórico carecía de la capacidad de adelantar al cuerpo el conocimiento del dolor que iba a experimentar.

Asimismo, la tortura conlleva para Semprún el descubrimiento de ese proceso de autonomía del cuerpo que conquista la conciencia de sí mismo y busca revelarse.

El sujeto torturado observa como su cuerpo, nueva conciencia egoísta que busca la autopreservación, intenta confundirlo para que hable y traicione a sus compañeros, es decir, para que ponga fin a la tortura. En la negación de ese deseado final, se produce un movimiento paradójico en el que el sujeto se convierte en un torturador para su propio cuerpo. Es únicamente el sentimiento de fraternidad y de continuidad histórica el que legitima el sufrimiento al que se somete al propio cuerpo. Y a pesar de la fortaleza que demuestra la mente frente al cuerpo durante la tortura, este conseguirá recuperarse fácilmente mientras que la psique queda marcada para siempre.

Trauma

Del griego *traûma*, herida, derivada de *protscho*, perforar, esta voz hace referencia a un golpe intenso, físico o psíquico, que produce graves consecuencias en la vida de un ser humano:

> Acontecimiento de la vida del sujeto caracterizado por su intensidad, la incapacidad del sujeto de responder a él adecuadamente y el trastorno y los efectos patógenos duraderos que provoca en la organización psíquica.

> En términos económicos, el traumatismo se caracteriza por un aflujo de excitaciones excesivo, en relación con la tolerancia del sujeto y su capacidad de controlar y elaborar psíquicamente dichas excitaciones (Laplanche y Pontalis, 2004: 471).

Los estudios sobre el trauma psíquico comienzan a desarrollarse gracias a los estudios de Philippe Pinel, Jean Esquirol, Jean Martin Charcot y Pierre Janet; y se orientan con las aportaciones de Sigmund Freud, considerado el padre del psicoanálisis. Si en un primer momento, el estudio del trauma se basa en los sucesos de índole sexual durante la infancia; el desarrollo de la Primera Guerra Mundial y sus consecuencias traumáticas en los supervivientes, lo orientarán hacia las denominadas "neurosis de guerra" y "neurosis traumáticas en tiempos de paz", expuestas en su ensayo *Más allá del principio del placer* (1920).

En el campo de la literatura, los testimonios de los supervivientes que emergen tras los diversos sucesos históricos que tienen lugar en el siglo XX, conllevan la aparición de los *Trauma Studies*. Autores como Dominick LaCapra, Geoffrey Hartman, Shoshana Felman o Cathy Caruth, pertenecientes a la escuela deconstructivista de Yale, aplican el concepto médico a la literatura para crear una teoría y focalizar el estudio de las producciones que trata la experiencia de la Shoah. Posteriormente, se consolidan como herramientas teóricas y analíticas para el estudio de traumas en un sentido más amplio.

Dominick LaCapra (2005) presenta la posibilidad de elaborar el trauma, es decir, de trabajar para su curación, como un quehacer articulatorio. Tras una vivencia traumática, la herida se encuentra en el interior del sujeto, carente de sentido, repitiéndose incesantemente a través de diferentes síntomas; es lo que se denomina *acting out*. Ante esta situación, el sujeto tiene la posibilidad de liberar ese suceso reprimido que retorna e impide su continuidad cronológica, a través de un trabajo de elaboración; es lo que se denomina *working through*:

> Los procesos de elaboración, entre los cuales está el duelo y los distintos modos de pensamiento y quehacer crítico, entrañan la posibilidad de establecer distinciones o desarrollar articulaciones que, aunque reconocidas como problemáticas, funcionan como límites y posible resistencia a la indecibilidad, especialmente cuando esta última equivale a la confusión, la supresión o el eclipse de todas las distinciones (2005: 46).

La incapacidad de hilvanar un relato coherente en torno a lo vivido en Buchenwald es lo que lleva a Semprún a huir de esa memoria mortífera que le impide avanzar y a orientar su vida hacia la lucha política. Esa actividad práctica actúa, en un primer momento, como una especie de anestesia que deja en reposo el trauma pero que, sin embargo, no implica su curación. Una vez terminada la experiencia de la clandestinidad, la necesidad de escribir para hacer comprender y para comprenderse vuelve rápidamente. A la luz de las teorías de los *Trauma Studies* se observa que muchas obras del autor corresponden a lo que se denominan escrituras del trauma. Su escritura enmarca las dificultades que un sujeto traumatizado experimenta a causa de ese retorno de lo reprimido que antes se anunciaba. En *La escritura o la vida* se refiere a su vida después de Buchenwald como a un sueño irreal que lo consume: "Todo era un sueño desde que había salido de Buchenwald, del bosque de hayas del Ettersberg, postrera realidad. Me mordía los nudillos para impedirme gritar. Me encogía, hecho un ovillo en la cama, tratando de recuperar la respiración" (1995: 170). Son muchos los supervivientes que señalan la imposibilidad de abandonar el campo de concentración a pesar de su liberación. La huella mnémica que deja en ellos es tan intensa que siguen encerrados en ese espacio, incapaces de deshacerse de su recuerdo. La repetición de lo vivido a la que aludía LaCapra, se observa, por ejemplo, en la invasión sensitiva que el trauma deposita. El autor relata cómo los sonidos de

Buchenwald penetran en sus sueños actuales despertándolo y devolviéndolo inmediatamente a ese pasado; los registros olfativos de los hornos crematorios y de la inmundicia con la que convivían parecen más reales que cualquier otro olor presente; y el sentido de la vista se ha transformado por esa mirada que le devuelven los otros, reflejo de su nueva condición.

Ante la escritura de su primera novela, reflexión sobre su experiencia en el tren que lo llevó al campo de Buchenwald tras la tortura, el autor se siente liberado. Construir lo sucedido implica reconstruirse a sí mismo, no como un retorno a aquel que era, pues eso ya es imposible, pero sí como un nuevo sujeto que ha integrado el suceso traumático en su cronología vital y le ha dado un cierto sentido:

> Había vuelto a ser yo mismo, aquel otro que todavía no había podido ser, gracias a un libro, El largo viaje. El libro que no había podido escribir en 1945. Una de las variantes posibles de aquel libro, mejor dicho, ya que éstas son virtualmente infinitas, y siguen siéndolo, por otra parte. Lo que quiero decir es que nunca habrá versión definitiva de aquel libro; jamás. Siempre tendré que volver a empezarlo (1994: 30).

Por supuesto, como él mismo señala, se trata de una tarea inacabada. La profundidad de la herida precisa de una reelaboración constante para, a través de nuevas perspectivas y posibilidades, seguir integrándola y comprendiéndola.

Vallejo, César

César Vallejo (1892-1938) es un autor peruano que se encuentra entre las grandes figuras de la poesía hispanoamericana. Partícipe, primero, del Modernismo y, posteriormente, de las vanguardias y de la literatura comprometida, en sus composiciones se aprecian sus preocupaciones metafísicas y sociales. En su primera obra, *Los heraldos negros* (1918) ya se muestra la sensibilidad del poeta ante el dolor del ser humano y la llamada a la rebelión contra el sistema establecido. En *Trilce* (1922), escrito en la cárcel tras una falsa acusación de robo e incendio en una protesta, abandona el Modernismo y comienza con un estilo vanguardista. A partir de 1923, comienza a viajar a París, Moscú y España, por lo que entra en contacto con los movimientos y las vanguardias europeas. Asimismo, en solidaridad con el destino que vivía Europa en ese momento, en 1932 se afilia al Partido Comunista Español y se verá obligado a vivir de forma clandestina en París, donde realiza una intensa labor de recolecta de fondos para los republicanos, tras el comienzo de la guerra civil española. Fruto de esta experiencia destaca la obra *España, aparta de mí este cáliz* (1940) en la que expresa el dolor ante el destino de España y el orgullo de su causa.

En la obra *La escritura o la vida* (1995) la poesía de diversos autores funciona como una muestra evidente de las posibilidades del artificio para facilitar la expresión y la comprensión de ciertos eventos complejos. El caso de la presencia de César Vallejo es muy interesante, pues, gracias a ella, Semprún establece una relación experiencial que juega con los límites de la cronología lineal. En primer lugar, se encuentra una alusión a la época del exilio en París, momento del descubrimiento del poeta; en segundo lugar, tiene un papel activo dentro del campo de Buchenwald, en su papel originario de canto salvador y; en tercer lugar, es evocación tras la liberación, en tanto rito interior sagrado. Estos tres momentos que en el relato se entremezclan permiten un acercamiento al evento antes, durante y después de su desarrollo, por lo que la perspectiva es muy amplia y mejora, por un lado, la comprensión del desarrollo vital del autor y, por otro, de la evolución de los acontecimientos históricos en esa época. El enfoque múltiple a una misma realidad es una característica habitual en la escritura sempruniana y obedece a su deseo de trascender lo anecdótico y de llegar a la esencia de los hechos. Asimismo, a nivel personal, le permite dejar aflorar los traumas con los que conviven dándoles una salida liberadora.

El descubrimiento de Vallejo se sitúa en 1942 y nos muestra a un joven Semprún exiliado en París que debe ganarse la vida dando clases de latín y español a los hijos de familias burguesas. El joven, que antes había pertenecido a una de esas familias y era el que recibía las clases, afronta la pérdida de su antigua vida y su nueva situación a través de la conexión con el dolor expresado en los versos del poeta peruano.

Posteriormente, en Buchenwald, la poesía de Vallejo vuelve, esta vez convertida en una suerte de oración fúnebre ante la muerte inminente de Diego Morales, antiguo combatiente en la batalla del plateau de les Glières. De la misma forma que los versos de Baudelaire acuden en su ayuda en el momento de la trágica despedida de Maurice Halbwachs, en la partida del excombatiente español son los versos de "Masa", poema incluido en *España, aparta de mí este cáliz* (1939), los que mejor ilustra su destino trágico. El llanto desgarrado que estas composiciones ponen en escena por la pena ante la madre patria secuestrada ilustra a la perfección los sentimientos que experimentan aquellos que, como Diego Morales, tomaron las armas en una lucha fratricida que terminó con la pérdida de su tierra, pero con el orgullo de haber luchado y entregado su vida por unos ideales correctos: "A pesar del fracaso material, el exiliado revela en su ser y en su conducta el orgullo de su lucha y la verdad de sus ideas. El exiliado es un ser abatido con dignidad y con orgullo, porque se siente en toda circunstancia arropado por la razón y la verdad" (Arrieta, 2013: 165). Esta dignidad que acompaña a su pérdida es la que los motiva a no rendirse y seguir luchando en Europa.

El propio Semprún explica que unirse a la Resistencia francesa para evitar el avance del nazismo era una forma indirecta de luchar contra Franco. En ambos totalitarismos se encontraba, en esencia, el mismo mal. En este sentido, estos exiliados son un ejemplo de esos milicianos descritos en la poesía de Vallejo que, por su lucha, superan su individualidad y se convierten en una colectividad por la que todos "son 'mendigos' que 'pelean por España' desamparados y huérfanos al igual que él, pero unidos bajo un mismo fin" (Calvo, 2012: 503). Sin embargo, pese al honor que guía sus vidas, su fin llega acompañado de la vergüenza al verse reducidos a esos esqueletos putrefactos, cadáveres ambulantes sin correspondencia con lo humano, a los que el sistema concentracionario nazi los ha reducido. El deportado, que había entregado su vida luchando heroicamente por sus ideales, se apaga expresando su profunda vergüenza ante su propio final:

> Al fin de la batalla,
> y muerto el combatiente, vino hacia él un hombre
> y le dijo: "¡No mueras, te amo tanto!".
> Pero el cadáver ¡ay! siguió muriendo…
> No tengo tiempo de susurrar el principio de este poema desgarrador. Un sobresalto convulsivo agita a Morales, una especie de explosión pestilente. Se vacía, literalmente, manchando la sábana que le envuelve. Se aferra a mi mano, con todas sus fuerzas reunidos en un postrer esfuerzo. Su mirada expresa el desamparo más abominable. Unas lágrimas fluyen por su máscara de guerrero.
> – Qué vergüenza – dice con el último aliento (Semprún, 1995: 208-209).

El autor, que se queda solo, parece encontrar cierto consuelo en la imploración poética rogándole que no se muera. A su vez, la degradación de Morales por la explosión pestilente con la que muere queda eclipsada por la dignidad que le devuelven los versos de Vallejo. Esa última afirmación de un sentimiento de vergüenza, lejos de acrecentar la miseria de su situación, parece una última prueba de su resistencia; paradójicamente, la reivindicación de su estado indigno es una muestra de la humanidad que persiste contra los intentos de enajenación del sistema nazi.

Semprún evoca también sus visitas futuras a la tumba de César Vallejo que simbólicamente se habían convertido en las visitas a la tumba de Diego Morales, pues este carecía de un lugar de reposo:

> Había caminado hacia la Rue Froidevaux, hacia una de las entradas secundarias del cementerio de Montparnasse. Necesitaba recogerme un instante ante la tumba de César Vallejo.

...no mueras, ¡te amo tanto!
Pero el cadáver ¡ay! siguió muriendo...
(...) Diego Morales, en cambio, el rojo español, hermano de aquellos que aparecen en los últimos poemas de Vallejo, no reposaba en ninguna parte. (...) Necesitaba recogerme un instante ante la tumba de César Vallejo (1995: 312-313).

Fuentes bibliográficas

Obras de Jorge Semprún

_____ (1970) *La segunda muerte de Ramón Mercader.* Caracas: Editorial tiempo nuevo.

_____ (1976) *El largo viaje.* Barcelona: Seix Barral.

_____ (1977) *Autobiografía de Federico Sánchez.* Barcelona: Planeta.

_____ (1979) *El desvanecimiento.* Barcelona: Planeta.

_____ (1981) *Aquel domingo.* Barcelona: Planeta.

_____ (1982) *La algarabía.* Barcelona: Plaza & Janes.

_____ (1986) *La montaña blanca.* Madrid: Alfaguara.

_____ (1988) *Netchaiev ha vuelto.* Barcelona: Tusquets.

_____ (1994) *Federico Sánchez se despide de ustedes.* Barcelona: Tusquets.

_____ (1995) *La escritura o la vida.* Barcelona: Tusquets.

_____ (1998) *Adiós, luz de veranos.* Barcelona: Tusquets.

_____ (2011) *Viviré con su nombre, morirá con el mío.* Barcelona: Tusquets.

_____ (2003) *Veinte años y un día.* Barcelona: Tusquets.

_____ (2016) *Ejercicios de supervivencia.* Barcelona: Tusquets.

_____ (2006a) *Pensar en Europa.* Barcelona: Tusquets.

Artículos periodísticos de Jorge Semprún

Artículos en El País:

_____ (19 de agosto de 1976) "Símbolo y crítica". https://elpais.com/diario/1976/08/19/cultura/209253606_850215.html

_____ (17 de junio de 1977) "Desde la izquierda" https://elpais.com/diario/1977/06/17/opinion/235346409_850215.html

_____ (8 de enero de 1978) "Contrarréplica a Manuel Azcárate, sobre la 'Autobiografía de Federico Sanchez'" https://elpais.com/diario/1978/01/08/espana/253062023_850215.html

_____ (23 de abril de 1980) "Con motivo de un aniversario" https://elpais.com/diario/1980/04/23/espana/325288803_850215.html

_____ (20 de junio de 1987) "Intelectuales de pasillo y de paseo" https://elpais.com/diario/1987/06/20/opinion/551138405_850215.html

_____ (17 de mayo de 1990) "En la muerte de Fernando Claudín" https://elp ais.com/diario/1990/05/17/agenda/642895201_850215.html

_____ (12 de octubre de 1990) "Un espíritu alertado" https://elpais.com/dia rio/1990/10/12/cultura/655686010_850215.html

_____ (10 de abril de 1995) "Memoria del exdeportado 44.904" https://elpais. com/diario/1995/04/10/internacional/797464820_850215.html

_____ (21 de julio de 1995) "Llamamiento a los jefes de Estado europeos" https://elpais.com/diario/1995/07/21/opinion/806277601_850215.html

_____ (16 de noviembre de 1996) "El horror en las sociedades opulentas" https://elpais.com/diario/1996/11/16/sociedad/848098820_850215.html

_____ (10 de abril de 1997) "Entre utopía y realidad" https://elpais.com/dia rio/1997/04/10/cultura/860623201_850215.html

_____ (13 de diciembre de 2001) "La aventura fraternal" https://elpais.com/ diario/2001/12/15/babelia/1008375428_850215.html

_____ (15 de marzo de 2002) "Qué significa para mí ser 'europeo'" https://elp ais.com/diario/2002/03/15/opinion/1016146804_850215.html

_____ (7 de noviembre de 2002) "Lúcida y extraordinaria" https://elpais.com/ diario/2002/11/07/cultura/1036623611_850215.html

_____ (24 de agosto de 2003) "El desvanecimiento de la lucha de clases" https://elpais.com/diario/2003/08/24/opinion/1061676005_850215.html

_____ (25 de agosto de 2003) "¿Dónde va Francia?" https://elpais.com/diario/ 2003/08/25/opinion/1061762410_850215.html

_____ (26 de agosto de 2003) "Un movimiento radical pero arcaico" https:// elpais.com/diario/2003/08/26/opinion/1061848810_850215.html

_____ (27 de agosto de 2003) "Francia, Europa, Estados Unidos" https://elp ais.com/diario/2003/08/27/opinion/1061935211_850215.html

_____ (28 de agosto de 2003) "¿Izquierda atónita o atónica? https://elpais. com/diario/2003/08/28/opinion/1062021609_850215.html

_____ (30 de agosto de 2003) "Una fotografía de André Malraux", El País, revista de verano, personaje del siglo XX/Perfiles. https://elpais.com/diario/ 2003/08/30/revistaverano/1062194411_850215.html

_____ (23 de enero de 2005) "El holocausto 60 años después". https://elpais. com/diario/2005/01/23/eps/1106465215_850215.html

_____ (5 de abril de 2010) "Mi último viaje a Buchenwald". https://elpais.com/ diario/2010/04/05/opinion/1270418415_850215.html

_____ (12 de abril de 2010) "El archipiélago del infierno nazi". https://elpais. com/diario/2010/04/12/internacional/1271023204_850215.html

- **Artículos en otros medios:**

_____ (1982) "Todo es una algarabía", *La Gaceta ilustrada*, 4-VIII-1982.

_____ (2007) "Por las causas imperfectas. Un recuerdo del papel de 'Esprit' y Emmanuel Mounier", *El ciervo: revista mensual de pensamiento y cultura*, nº670, pp.8-9.

Colaboraciones de Jorge Semprún

Semprún, Jorge; Wiesel, Elie (1995) *Se taire est impossible*. Paris: Mille et une nuits.

De Villepin, Dominique; Semprún, Jorge (2006b) *El hombre europeo*. Madrid: Espasa Calpe.

Entrevistas a Jorge Semprún

Alliés, P. (1994) "Écrire sa vie. Entretien avec Jorge Semprún" en *Pole Sud*, 1, pp.23-33.

Broncourt, G. (1978) "La clandestinité est finie. Un entretien avec Jorge Semprún" en *Les nouvelles littéraires*, 2617.4.

Cayuela Gally, Ricardo (2004) "La memoria como escritura, entrevista a Jorge Semprún", *Diario La Nación*, Sección 6, Cultura, pp.1-2.

Kohut, Karl (1983): *Escribir en París. Entrevistas con Fernando Arrabal, Adela de Blasquez, Jose Corrales Egea, Julio Cortazar, Agustin Gomez Arcos, juan Goytisolo, Augusto Roa Bastos, Severo Sarduy y Jorge Semprún*. Barcelona: Hogar del libro.

López L.Gay, Patricia (2008) "Conversación con Jorge Semprún. Sobre autotraducción. De los recuerdos y sus formas de reescritura", *Quaderns, Revista de traudció*, nº16, pp.157-164.

Munté, Rosa-Àuria (2004) "Una entrevista a Jorge Semprún. La narración de la vivencia de los campos de concentración en la literatura y el documental" en *Trípodos*, 16, pp.127-138.

Vilanova, Mercedes (2006): "Jorge Semprún", en *Historia, Antropología y Fuentes Orales*, Nº35, Utopía y contrautopía, pp.105-117.

Estudios sobre Jorge Semprún

Alberca Serrano, M. (2007) *El pacto ambiguo. De la novela autobiográfica a la autoficción*. Madrid: Biblioteca Nueva.

Benestroff, Corinne (2010) "L'écriture ou la vie, une écriture résiliente", *Littérature, Écrire l'histoire*, n°159, pp.39-52.

Berbis, N. (2004) "María Teresa de León y Jorge Semprún: los laberintos de la memoria" en *Letras Peninsulares*, 17.1, pp.69-78.

Blanco Martínez, Rogelio (2011) "Mnemósine y los exilios de Jorge Semprún" en *República de las Letras: revista literaria de la Asociación Colegial de Escritores*, n°124, pp.27-34.

Canut i Farré, Concepción (1991) "Traducción o bilingüismo sempruniano" en *Traducción y adaptación cultural: España-Francia*, Universidad de Oviedo: Servicio de Publicaciones, pp.329-336.

Céspedes Gallego, Jaime (2012) *La obra de Jorge Semprún. Claves de interpretación, Vol.I: Autobiografía y novela*. Bern: Peter Lang.

Coca Méndez, Beatriz (2013) "La nostalgie des jours heureux contre le vent rude et glacial de l'exil, chez Jorge Semprun", *Çédille, Monografías*, n°3, pp.47-55.

Conejo, Yazmín (2016) "Los límites de la representación y la reflexión en torno al problema de la ficcionalización y estetización en la literatura de posguerra, el caso de los sobrevivientes" en *Memoria y sociedad*, vol. 20, n°40, pp.58-69.

Conte, R. (1969) "Jorge Semprún y el destino de Occidente" en *Informaciones*, 4-XII-1969.

De Cortanze, Gérard (1997) *Le Madrid de Jorge Semprun*. Paris: Chêne.

De Cortanze, Gérard (2004) *Jorge Semprún, l'écriture de la vie*. Paris: Gallimard.

Díaz Arenas, Ángel (2008) "Los libros de la memoria de Jorge Semprún (Muertes paralelas: Maurice Halbwachs – Diego Morales)", en *Barcarola, revista de creación literaria*, n°71-72, pp.296-307.

Elorza, Antonio (2008) "Jorge Semprún: la imaginación política" en *Claves de Razón Práctica*, n1179, pp.48-55.

Fabre, Thierry (1998): "Jorge Semprun. Adieu, vive clarté...., Gallimard, 1998, 250p.", en *Esprit*,N°244, pp.220-223.

Fernández, Carlos (2004): "Estrategias de la memoria en la obra de Jorge Semprún", en *Historia, Antropología y Fuentes Orales*, N°35, Utopía y contrautopía, pp. 83-90.

Fernández, Carlos (2005) "Memoria e historia en la obra de Jorge Semprún", en *Minius XIII*, pp.253-268.

Fernández, Carlos (2006): "Jorge Semprún y Manuel Azaustre: dos vidas contadas", en *Historia, Antropología y Fuentes Orales*, N°35, Utopía y contrautopía, pp. 83-90.

Fox Maura, Soledad (2016) *Ida y vuelta. La vida de Jorge Semprún*. Barcelona: Debate.

Illecas, Raúl (2004) "Jorge Semprún: La escritura o la vida. Holocausto y literatura", *Actas XIV Congreso AIH*, Vol.III, pp.315-322.

Jones, Kathryn (2009): "Langages du désastre: Robert Antelme, Anna Langfus, André Schwarz-Bart, Jorge Semprun, Elie Wiesel. By Joë Friedemann" en *The modern language review*, Vol. 104, N°2, pp.578-579.

Kafatou, Sarah (2002): "Jorge Semprun: la vie continue", en *Harvard Review*, N°23, pp. 129-132.

Lee, Domitille (2008) "Comment écrire cette histoire ? Enjeux et apories de l'utilisation de la fiction dans les récits concentrationnaires de Jorge Semprun" en *Postures*, dossier "Les écritures de l'Histoire", n°10, pp.82-93.

Leuzinger, Mirjiam, LÓPEZ DE ABIADA, José Manuel (2012): "Jorge Semprún, escritor con vida e historia europeas, figura señera en las controversias político-culturales, ideológicas y literarias de su tiempo", en *Iberoamericana, Nueva época*, Año 12, N°45, pp.157-162.

Leuzinger, Mirjam (2016): *Jorge Semprún: Memoria cultural y escritura. Vida virtual y texto vital*. Madrid: Verbum.

Levi-Valensi, Jacqueline (2003) "La Littérature et la vie. À propos de trois livres de Jorge Semprun : 'L'Écriture ou la vie, Adieu, vive clarté..., Le Mort qu'il faut'" en *Autour de Semprun: mémoire, engagement et écriture*. Marne-La-Vallée: Travaux et Recherches de l'UMLV, pp.33-45.

Macciuci, Raquel (2004) "Viviré con su nombre, morirá con el mío de Jorge Semprún: Reconfiguración y síntesis del universo narrativo de Buchenwald (o El Lager explicado al gran público), *Orbis Tertius*, Vol.9, n°10, pp.53-72.

Mercadier, G. (2002) "L'Algarabie de Jorge Semprún: bilinguisme et identité » en *Autobiografía y literatura árabe*, Cuenca: Universidad de Castilla La Mancha, pp.105-116.

Molero de la Iglesia, Alicia (2000a) *La autoficción en España: Jorge Semprún, Carlos Barral, Luis Goytisolo, Enriqueta Antolín y Antonio Muñoz Molina*. Neuchâtel: Peter Lang.

Molero de la Iglesia, Alicia (2000b) "Autoficción y enunciación autobiográfica" en *Signa: Revista de la Asociación Española de Semiótica*, 9, pp.531-551.

Nieto, Felipe (2003) "La resurrección de Jorge Semprún: el regreso de Buchenwald" en *Revista de Occidente*, 266-7, pp.205-215.

Nieto, Felipe (2013) "Experiencias y reflexiones de Jorge Semprún" en *Claves de Razón Práctica*, n1228, pp.122-131.

Nieto, Felipe (2014) *La aventura comunista de Jorge Semprún. Exilio, clandestinidad y ruptura*. Barcelona: Tusquets.

Nieto, Felipe (2015) "Jorge Semprún en el territorio de la clandestinidad. 'La alegría de Madrid'" en *Jorge Semprún: Memoria, historia, literatura*. Suiza; Peter Lang, pp.119-134

Pradera, Javier (2011) "La extraterritorialidad de Jorge Semprún" en *Claves de Razón Práctica*, n°214, pp.60-71.

Ramos Gay, Ignacio (2017) "Jorge Semprún, o la literatura contra la memoria" en *Estudios Humanísticos. Filología*, n° 39, pp.25-38.

Reyez-Mate Rupérez (2012) "Homenaje a Jorge Semprún" en *Cuadernos de Filosofía Latinoamericana*, vol.33, n°107, pp.37-41.

Ridao, José María (2012) "El itinerario múltiple de Jorge Semprún" en *Turia: Revista cultural*, n°103, pp.9-17.

Sánchez Idiart, Cecilia (2014) "Narrar para sobrevivir: la violencia concentracionaria, el artificio y la comunidad en La escritura o la vida, de Jorge Semprún" en *Revista Liberia, Hispanic Journal of Cultural Criticism*, n°2, pp.1-28.

Soutou, Jean-Marie (2011) *Un diplomate engagé*. Paris: Éditions de Fallois.

Younes, Ebtehal (1998): "La noción del exilio: el ejemplo de Jorge Semprún", en *Literatura y cultura del exilio español de 1939 en Francia. Eds. Alted Virgil y Aznar Soler*. Salamanca: AEMIC-GEXEL.

Otras fuentes utilizadas

Améry, Jean (2001) *Más allá de la culpa y la expiación*. Valencia: Pre-textos.

Arrieta, J.A.A. (2013) "Exilio y emigración: De la experiencia del emigrante al compromiso del exiliado" en *El exilio literario de 1939, 70 años después: actas*. Universidad de la Rioja, pp.163-183.

Artaud, Antonin (1976-1994) *Oeuvres complètes*, tomes I à XXVI. Paris: Gallimard.

Assmann, Jan (1992) *Das kulturelle Gedächtnis: Schrift, Erinnerung und politische Identität in frühen Hochkulturen*. München: C.H. Beck.

Assmann, Jan (2010) "Communicative and Cultural Memory", en *A Companion to Cultural Memory Studies*, Berlin/New York: Walter de Gruyter, pp.109-118.

Calvo Fernández, Rocío (2012) "César Vallejo y la Guerra Civil Española, análisis de 'España, aparta de mí este cáliz'" en *La tinta en la clepsidra: fuentes, historia y tradición en la literatura hispánica*. Barcelona: PPU. Promociones y Publicaciones Universitaria, pp. 497-508.

Colacrai, Pablo (2010) "Releyendo a Maurice Halbwachs. Una revisión del concepto de memoria colectiva", en *La Trama de la Comunicación*, vol. 14, pp.63-73.

Cyrulnik, Boris (2001) *La maravilla del dolor.* México: Grancia Ediciones.

Felman, Shoshana (1990) "À l'âge du témoignage: Shoah" en *Au sujet de Shoah, le film de Claude Lanzmann,* París: Belin, pp.55-145.

Halbwachs, Maurice (1925) *Les cadres sociaux de la mémoire.* París: Félix Alcan.

Halbwachs, Maurice (1950) *La mémoire collective.* Paris: PUF.

Halbwachs, Maurice (2004) *Los marcos sociales de la memoria.* Anthropos, México.

Lanzmann, Claude (1990) "De l'Holocauste à 'Holocauste' ou comment se débarrasser" en *Au sujet de Shoah, le film de Claude Lanzmann,* París : Belin, pp. 306-316.

Norton Cru, Jean (1929) *Témoins: essai d'analyse et de critique des souvenirs de combattants édités en Français de 1915 à 1928.* Nancy: Presses Universitaires de Nancy.

Norton Cru, Jean (1930) *Du témoignage.* Paris: Allia.

Picón, Gaëtan (1953) *Malraux.* Paris: Éditions Seuil.

Ramoneda, Arturo (1990) *Antología poética de la generación del 27.* Madrid: Castalia.

Rojo, José Andrés (2003) "El siglo XX no se puede entender sin la generosidad de los comunistas", *El País,* 4 de septiembre.

Siguan, Marisa (2022) *La memoria de la violencia. Sobre Primo Levi, Imre Kertész, Jean Améry, Ruth Klüger, Jorge Semprún, Varlam Shalámov, Max Aub y Herta Müller.* Barcelona: Icaria Editorial.

Urteaga, Eguzki (2013) "Vida y obra de Maurice Halbwachs", en *Pensamiento,* vol.69, n°258, pp.149-168.

Vallejo, César (1939) *España, aparta de mí este cáliz.* Lima: Perú Nuevo.

Wiesel, Elie (1990) "The Holocaust as Literary Inspiration » en VV.AA., *Dimensions of the*

Wieviorka, Annette (2003) *L'ère du témoin.* Paris: Hachette.

Wolfzettel, Friedrich (2006) "La Littérarisation de l'horreur" en *Écrire après Auschwitz,* Lyon: Presses Universitaires de Lyon, pp.73-94.

www.ingramcontent.com/pod-product-compliance
Lightning Source LLC
Chambersburg PA
CBHW030458100426
42813CB00002B/266